漢字マスター N4

한자마스타

改訂版
개정판

Kanji for beginners

アークアカデミー 編著

字

KANJI

모닝에듀(주)

漢字マスターN4　もくじ

はじめに			4
本書の特長			6
学習の進め方			8
部首について			10

1章　生かつ

1 家族	家族	□（　／　）	13
	兄弟	□（　／　）	14
	姉妹	□（　／　）	15
	私育	□（　／　）	16
	ふくしゅう	問/20問	17
2 マンション	部屋	□（　／　）	19
	広低	□（　／　）	20
	近遠	□（　／　）	21
	静	□（　／　）	22
	ふくしゅう	問/20問	23
3 ファッション	洋服	□（　／　）	25
	短玉	□（　／　）	26
	毛糸	□（　／　）	27
	光衣	□（　／　）	28
	ふくしゅう	問/20問	29
1章 アチーブメントテスト		/100　（　／　）	30
1章 クイズ		□（　／　）	32

2章　コンビニ

1 レジ	店客	□（　／　）	35
	親切	□（　／　）	36
	売当	□（　／　）	37
	品	□（　／　）	38
	ふくしゅう	問/20問	39
2 店内	便利	□（　／　）	41
	使銀	□（　／　）	42
	白黒	□（　／　）	43
	紙	□（　／　）	44
	ふくしゅう	問/20問	45
3 24時間	朝晩	□（　／　）	47
	昼夜	□（　／　）	48
	前後	□（　／　）	49
	午早	□（　／　）	50
	ふくしゅう	問/20問	51
2章 アチーブメントテスト		/100　（　／　）	52
2章 クイズ		□（　／　）	54

3章　おくり物

1 荷物	荷送	□（　／　）	57
	宅急	□（　／　）	58
	速遅	□（　／　）	59
	重軽	□（　／　）	60
	ふくしゅう	問/20問	61
2 あて先	住所	□（　／　）	63
	様主	□（　／　）	64
	番地	□（　／　）	65
	号京	□（　／　）	66
	ふくしゅう	問/20問	67
3 都道府県	国都	□（　／　）	69
	道府	□（　／　）	70
	県市	□（　／　）	71
	区村	□（　／　）	72
	ふくしゅう	問/20問	73
3章 アチーブメントテスト		/100　（　／　）	74
3章 クイズ		□（　／　）	76

4章　スケジュール

1 デート	毎週	□（　／　）	79
	映画	□（　／　）	80
	館	□（　／　）	81
	公園	□（　／　）	82
	ふくしゅう	問/20問	83
2 けっこんきねん日	夫妻	□（　／　）	85
	特思	□（　／　）	86
	料理	□（　／　）	87
	有	□（　／　）	88
	ふくしゅう	問/20問	89
3 しごと	会社	□（　／　）	91
	働作	□（　／　）	92
	工場	□（　／　）	93
	始終	□（　／　）	94
	ふくしゅう	問/20問	95
4章 アチーブメントテスト		/100　（　／　）	96
4章 クイズ		□（　／　）	98
1～4章 まとめテスト		□（　／　）	100

5章　町

1 駅	駅鉄	□（　／　）	103
	乗降	□（　／　）	104
	開閉	□（　／　）	105
	発着	□（　／　）	106
	ふくしゅう	問/20問	107
2 交さてん	交通		109
	台止		110
	色赤		111

		黄 青	□ (／)	112
		ふくしゅう	問/20問	113
3	病院 びょういん	病 院	□ (／)	115
		医 科	□ (／)	116
		薬 待	□ (／)	117
		合 計	□ (／)	118
		ふくしゅう	問/20問	119
5章 アチーブメントテスト			/100 (／)	120
5章 クイズ			□ (／)	122

6章　学生 がくせい

1	研究 けんきゅう	研 究	□ (／)	125
		語 文	□ (／)	126
		英 化	□ (／)	127
		数 心	□ (／)	128
		ふくしゅう	問/20問	129
2	コミュニケーション	若 集	□ (／)	131
		知 酒	□ (／)	132
		歌 声	□ (／)	133
		楽	□ (／)	134
		ふくしゅう	問/20問	135
3	ラーメン屋 や	味 油	□ (／)	137
		太 細	□ (／)	138
		皿 飯	□ (／)	139
		麦	□ (／)	140
		ふくしゅう	問/20問	141
6章 アチーブメントテスト			/100 (／)	142
6章 クイズ			□ (／)	144

7章　春夏秋冬 しゅんかしゅうとう

1	きせつ	春 夏	□ (／)	147
		秋 冬	□ (／)	148
		空 星	□ (／)	149
		雲 去	□ (／)	150
		ふくしゅう	問/20問	151
2	天気 てんき	天 晴	□ (／)	153
		雪 風	□ (／)	154
		強 弱	□ (／)	155
		暑 寒	□ (／)	156
		ふくしゅう	問/20問	157
3	旅行 りょこう	旅 持	□ (／)	159
		世 界	□ (／)	160
		写 真	□ (／)	161
		船	□ (／)	162
		ふくしゅう	問/20問	163
7章 アチーブメントテスト			/100 (／)	164
7章 クイズ しょう			□ (／)	166

8章　学校 がっこう

1	勉強 べんきょう	勉 漢	□ (／)	169
		宿 題	□ (／)	170
		質 問	□ (／)	171
		教 室	□ (／)	172
		ふくしゅう	問/20問	173
2	テスト	試 験	□ (／)	175
		答 考	□ (／)	176
		正 丸	□ (／)	177
		不 同	□ (／)	178
		ふくしゅう	問/20問	179
3	図書館 としょかん	貸 借	□ (／)	181
		返 冊	□ (／)	182
		歴 史	□ (／)	183
		図	□ (／)	184
		ふくしゅう	問/20問	185
8章 アチーブメントテスト			/100 (／)	186
8章 クイズ			□ (／)	188

9章　夏休み なつやすみ

1	運動 うんどう	運 動	□ (／)	191
		練 習	□ (／)	192
		走 歩	□ (／)	193
		泳 才	□ (／)	194
		ふくしゅう	問/20問	195
2	リゾート	自 然	□ (／)	197
		草 原	□ (／)	198
		湖 谷	□ (／)	199
		海 辺	□ (／)	200
		ふくしゅう	問/20問	201
3	いなか	里 野	□ (／)	203
		緑 池	□ (／)	204
		鳥 羽	□ (／)	205
		馬 鳴	□ (／)	206
		ふくしゅう	問/20問	207
9章 アチーブメントテスト			/100 (／)	208
9章 クイズ			□ (／)	210
5〜9章 まとめテスト しょう			(／)	212

そのほかの 読み方 よみかた 214
索引 さくいん 216
解答 かいとう 219

はじめに

　「漢字マスターシリーズ」は、日本語を学ぶ方が、ひらがな、カタカナの習得を経て、日本語の3つ目の文字である漢字を楽しみながらしっかりと学ぶことを目指して作成されました。本シリーズを使って学習を進めると、N5～N1の全シリーズ修了時には、2010年11月30日告示の「常用漢字表」一覧に掲載された2136字と、その他に使用頻度が高いと思われる表外字14字を加えた2150字が習得できます。

　本シリーズは、漢字とともに、多くの語彙や慣用句も一緒に習得できるように作られています。提示した語例や例文は、日常生活の中で身近に接することが多いものをとりあげましたので、漢字そのものの学習と共に、生活の中でよく使われる言葉や表現を増やすことが可能です。また、非漢字圏の方にも学びやすいように、漢字には全てルビを振りました。プレッシャーを感じることなく漢字の能力を伸ばすことができるからです。

　『漢字マスターN4』は、原則として各章7～8文字、1ページに2文字を提示してあります。たとえば、1日1～2ページ、1日1章のように計画を立てて学習すると、207字の漢字と、日常生活に必要な語彙を習得できます。『漢字マスターN5』に掲載した基礎漢字119字と合わせると、合計326字の習得が可能です。また、理解しやすいカテゴリーの漢字学習のために、イラストも使用しました。本書に掲載した漢字はN3レベルに進む前に必ずマスターすることを目指してください。

　本シリーズは長きにわたる改訂を重ね、その結果、理想の教材に近づいたと自負しております。私たちを支えてくださった多くの皆様に心からお礼を申し上げます。皆様の漢字学習が成功することを執筆者一同心から願っています。

アークアカデミー

들어가며 ....

「한자마스타 시리즈」는 일본어를 배우는 분이 히라가나, 가타카나 학습을 거쳐 일본어의 3번째 문자인 한자를 즐기며 확실하게 배우는 것을 목표로 하여 작성되었습니다. 본 시리즈를 사용하여 학습을 진행하면, N5~N1 전 시리즈를 수료하였을 시에 「상용한자표」(2010.11.30 고시) 일람에 게재된 2,136자에 더하여, 사용빈도가 높다고 여겨지는 표외자 14자를 더한 2,150자를 학습할 수 있습니다.

본 시리즈는 상용한자표에 있는 한자의 읽는 법을 망라하고 있으며, 한자와 함께 많은 어휘와 관용구 또한 함께 학습할 수 있도록 만들어져 있습니다. 제시된 단어의 예나 예문은 일상생활 중 쉽게 접할 수 있는 것을 수록하였기 때문에, 한자 자체의 학습과 함께 생활이나 신문, 잡지에서 많이 쓰이는 단어나 표현을 배우는 것이 가능합니다. 또한, 비한자권의 학습자 분들도 부담 없이 한자 능력을 키울 수 있도록 모든 한자에 발음을 표기했습니다.

『한자마스타 N4』는 원칙으로서 각 장(章) 7~8자, 1페이지에 두 문자를 제시하고 있습니다. 예를 들어, 하루 1~2페이지, 하루 1장(章)과 같이 계획을 세워서 공부하면 207자의 한자와 일상생활에 필요한 어휘를 학습할 수 있습니다. 『한자마스타 N5』에 게재된 기초한자 119자와 합하면, 도합 326자를 학습 가능합니다. 또한, 이해하기 쉬운 카테고리 한자 학습을 위해 일러스트를 사용하였습니다. 본 책에 게재된 한자는 N3 레벨로 넘어가기 전에 반드시 마스터하는 것을 목표하여 주세요.

본 시리즈는 긴 시간에 걸쳐 개정을 거듭해, 그 결과 이상적인 교재에 근접했다고 자부하고 있습니다. 저희를 지지해 주신 많은 분들께 진심으로 감사의 말씀을 드립니다. 여러분의 한자학습이 성공하길 집필진 모두 진심으로 바라고 있습니다.

아크아카데미

本書の特長

POINT 1. 効率的に学べる

『漢字マスターN4』では、学ぶ方が漢字学習に親しみやすさを感じられるように、身近な生活で遭遇するカテゴリー別に章立てしました。各章にはさらに小タイトルをつけて、イメージしやすい場面から効率的に学べるように、配置しました。

例）1章　生活　　　1　家族・・・・・家族兄妹
　　　　　　　　　　2　マンション・・部屋広低
　　　　　　　　　　3　ファッション・洋服短玉
　　　2章　コンビニ　1　レジ・・・・・店客親切
　　　　　　　　　　2　店内・・・・・便利使銀
　　　　　　　　　　3　24時間・・・・朝晩昼夜

POINT 2. 漢字を学びながら生活に必要な語彙も増やせる

提示した語彙や例文は、日常生活の中で身近に接することが多いものを取り上げました。また、広く現代で使われる言葉も加えました。

POINT 3. 美しく読みやすい文字が書ける

ひとりで学ぶ方でも正しい筆順がわかるように数字をつけてありますので、美しく読みやすい文字を書くことができます。フォントはモリサワUDデジタル教科書体を採用しました。学習する方にとって文字の形がわかりやすく、間違えにくいフォントです。手本をよく見て、きれいな形の文字をマスターしてください。

POINT 4. 楽しみながら学べる

各章で学んだ漢字は、復習やアチーブメントテストで確認することができます。加えて、「クイズ」もついていますので、ゲーム感覚で楽しく、漢字を習得することができます。

POINT 5. 部首を知る

部首は漢字を構成する要素の中で、共通する一部分が集められたグループのことです。漢字には必ず一つの部首がありますので、関係する漢字の分野を類推することができ、効率的な学習につながります。ここでは、N5、N4レベルの部首を取り上げました。

例）くさかんむり「艹」（植物に関する漢字）
　　　草　花　茶
　　さんずい「氵」（水に関する漢字）
　　　海　池　湖　酒

본 책의 특징

POINT 1. **효율적으로 배울 수 있다**

『한자마스타 N4』에서는 배우시는 분이 한자 학습에 친근감을 느끼실 수 있도록, 일상생활에서 조우하는 카테고리 별로 구성하였습니다. 나아가 각 장(章)에는 소 타이틀을 붙여, 떠올리기 쉬운 장면부터 효율적으로 배울 수 있도록 배치하였습니다.

例) 1章 生活　　　1 家族・・・・・家 族 兄 妹
　　　れい しょう せいかつ　　　　かぞく
　　　　　　　　　2 マンション・・・部 屋 広 低
　　　　　　　　　3 ファッション・・洋 服 短 玉

　　　2章 コンビニ　1 レジ・・・・・店 客 親 切
　　　　しょう
　　　　　　　　　2 店内・・・・・便 利 使 銀
　　　　　　　　　　てんない
　　　　　　　　　3 24 時間・・・朝 晩 昼 夜
　　　　　　　　　　　じかん

POINT 2. **한자를 배우면서 생활에 필요한 어휘도 늘릴 수 있다**

제시한 어휘나 예문은 일상생활에서 가깝게 접하는 일이 많은 것을 수록하였습니다. 또한, 널리 현대에 쓰이는 단어를 추가하였습니다.

POINT 3. **아름답고 읽기 쉬운 문자를 쓸 수 있다**

혼자서 배우는 분도 올바른 획순을 알 수 있도록 숫자를 써 두었으므로, 아름답고 읽기 쉬운 문자를 쓸 수 있습니다. 글꼴은 모리사와 UD 디지털 교과서체를 채용하였습니다. 학습하는 분이 문자의 모양을 알기 쉽고, 헷갈리지 않는 글꼴입니다. 글자의 본을 잘 보고, 예쁜 모양의 문자를 마스터하세요

POINT 4. **즐기면서 배울 수 있다**

각 장(章)에서 배운 한자는 복습이나 성과 테스트에서 확인할 수 있습니다. 더해서, 「퀴즈」도 있으므로, 게임을 하는 감각으로 즐겁게 한자를 학습할 수 있습니다

POINT 5. **부수를 알게 된다**

부수는 한자를 구성하는 요소 중 공통된 일부분이 모인 그룹입니다. 한자에는 반드시 하나의 부수가 있기 때문에, 관계 있는 한자의 분야를 유추할 수 있고, 효율적인 학습으로 이어집니다. 여기서는 N5, N4 레벨의 부수를 수록하였습니다

例) くさかんむり「艹」(植物に関する漢字)
　れい　　　　　　　しょくぶつ かん かんじ
　　　草 花 茶
　　さんずい「氵」(水に関する漢字)
　　　　　　みず かん かんじ
　　　海 池 湖 酒

学習の進め方
がくしゅう　すす　かた

漢字学習の進め方を次に記します。学習中もこの「学習の進め方」を確認し、字形、筆順を常に意識しましょう。

STEP 1. 導入イラストを利用して、その章にどんな漢字があるのか理解します。
STEP 2. 新しく学ぶ親字の横にある、訓読み・音読み、送りがなを確認します。
STEP 3. 親字の下にある画数を確認します。
STEP 4. 筆順の矢印のとおりに、まず、うすい文字の上をなぞります。そして、手本を見て視写を繰り返し、正しい字形を覚えます。
STEP 5. 「漢字を読みましょう」「漢字を書きましょう」の問題に進みます。言葉の意味や、読み、正しい書き方を覚えます。
STEP 6. 復習、アチーブメントテスト、クイズに進みます。

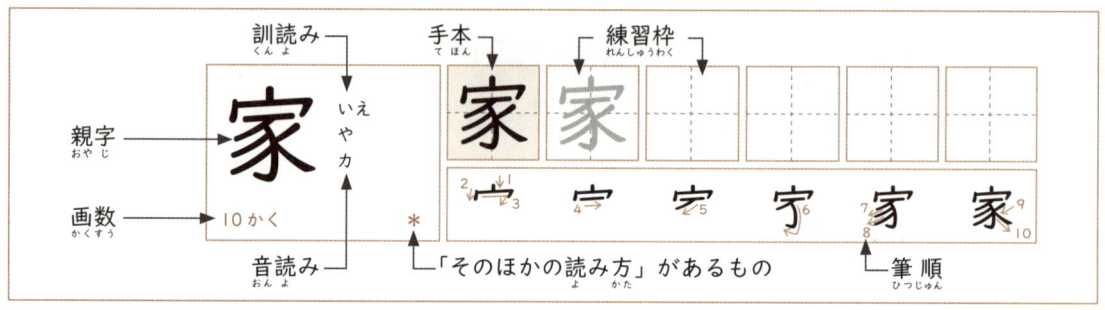

復習	学習した漢字の定着度を確認するために小タイトルごとに問題を解きます。確認や苦手な漢字の発見に活用してください。
アチーブメントテスト	各章ごとにあります。アチーブメントテストを解き、自身のレベルチェックに利用してください。
クイズ	学習に変化をつけ、楽しく学べるようにクイズもあります。宿題やテスト等に活用してください。
まとめテスト	総復習として1章～4章、5章～9章に、まとめテストがありますので、定着、確認のために利用してください。

漢字学習☑ ⇒ 復習☑ ⇒ アチーブメントテスト☑ ⇒ クイズ☑ ⇒ まとめテスト☑

目次	理解度の把握のために、チェック欄☑、および学習日欄（　/　）をつけました。独学の場合も授業で取り扱う場合も、学習計画や定着度の確認等に役立ててください。
読み	常用漢字表に掲載されているもののうち、N4レベルにふさわしいものを示しました。難易度が高いと判断した読みを持つ漢字には＊をつけ、巻末の「そのほかの読み方」にまとめました。

학습의 진행 방법

한자학습의 진행방법을 알려드립니다. 학습 중에도 이「학습의 진행 방법」을 확인하여, 자형, 필순을 항상 의식합시다.

STEP 1. 도입 일러스트를 이용해, 그 장(章)에 어떤 한자가 있는 지 이해합니다.
STEP 2. 새롭게 배울 한자의 옆에 있는 훈독, 음독, 오쿠리가나를 확인합니다.
STEP 3. 표제 한자의 옆에 있는 획수를 확인합니다.
STEP 4. 획수의 화살표대로, 먼저 옅게 쓰여진 문자 위에 덧씁니다. 그리고 본보기를 보고 베껴 쓰기를 반복하여, 알맞은 자형을 외웁니다.
STEP 5. 한자를 읽읍시다 (「かんじをよみましょう」), 한자를 씁시다 (「かんじをかきましょう」)문제로 넘어갑니다. 단어의 의미나 독음, 올바르게 쓰는 법을 외웁니다
STEP 6. 복습이나 테스트, 성과 테스트를 진행합니다.

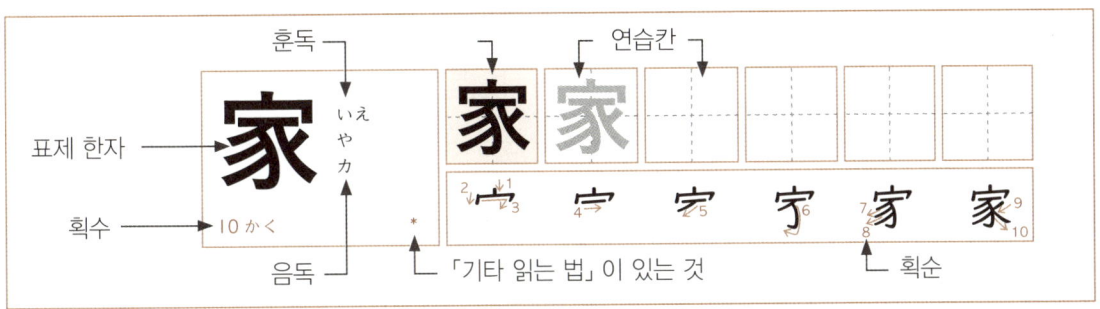

| 복습 | 학습한 한자의 정착도를 확인하기 위해 소 타이틀마다 복습 문제를 풉니다. 확인이나 부족한 한자의 발견에 활용해 주세요. |

| 성과 테스트 | 각 장(章)마다 있습니다. 성과 테스트를 풀고, 자신의 레벨 체크에 이용해 주세요. |

| 퀴즈 | 학습에 변화를 주어, 즐겁게 배울 수 있도록 퀴즈도 있습니다. 숙제나 테스트 등에 활용해 주세요. |

한자학습 ☑ ⇒ 복습 ☑ ⇒ 성과 테스트 ☑ ⇒ 퀴즈 ☑ ⇒ 정리 테스트 ☑

| 정리 테스트 | 총 복습으로서 1장~4장, 5장~9장에 정리 테스트가 있으므로, 정착, 확인을 위해 이용해주세요. |

| 목차 | 이해도 파악을 위해 체크란 ☑ 및 학습일정 (/   )을 첨부하였습니다. 독학인 경우에도 수업에서 사용하는 경우에도, 학습계획이나 정착도의 확인 등에 유용하게 사용하여주세요. |

| 읽는 법 | 상용한자표에 게재되어 있는 것들 중, N4 레벨에 적합한 것을 제시하였습니다. 난이도가 높다고 판단되는 한자에는 *를 붙여, 권말의 「기타 읽는 법」에 정리하였습니다. |

部首について

漢字を作っている部分を「部首」といいます。部首には、「へん・つくり・かんむり・あし・たれ・にょう・かまえ」があります。

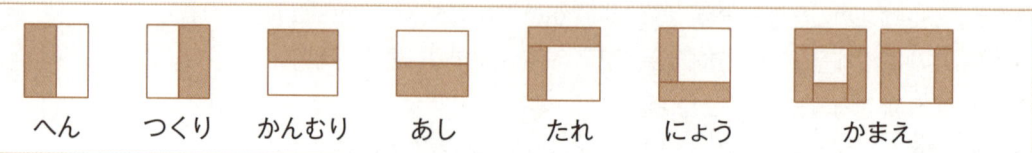

へん

人	にんべん	休 体 低 働 作 便 使 住
氵	さんずい	洋 油 漢 海 泳 池 湖
言	ごんべん	読 話 語 試 計
糸	いとへん	終 緑 紙 細 練
木	きへん	校 林 様 村

禾	のぎへん	私 科 秋
女	おんなへん	姉 妹 好 始
日	ひへん	明 晩 晴
土	つちへん	地 場
金	かねへん	銀 鉄

つくり

力	ちから	動
阝	おおざと	部 都

かんむり

宀	うかんむり	家 客 宅 室 宿
艹	くさかんむり	花 草 茶 荷 薬 英 若
竹	たけかんむり	答
雨	あめかんむり	電 雲 雪
亠	なべぶた	京 交

あし

心	こころ	急 思
儿	あし	元 先 兄 光

たれ

广	まだれ	広 店 府
疒	やまいだれ	病

にょう

辶	しんにょう	近 遠 送 速 遅 道 週 通 運 辺 返

かまえ

囗	くにがまえ	図 園 国
門	もんがまえ	門 間 開 閉

부수에 관하여

한자를 만드는 부분을 「부수」라고 합니다. 부수에는 「へん・つくり・かんむり・あし・たれ・にょう・かまえ」가 있습니다.

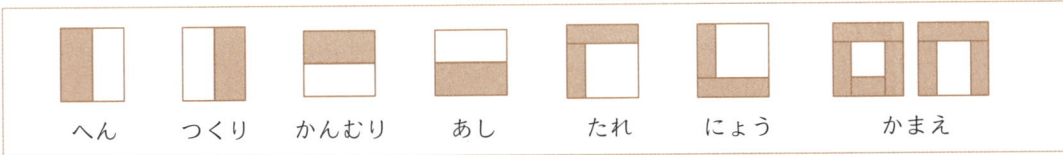

へん

人	にんべん	休 体 低 働 作 便 使 住
；	さんずい	洋 油 漢 海 泳 池 湖
言	ごんべん	読 話 語 試 計
糸	いとへん	終 緑 紙 細 練
木	きへん	校 林 様 村

禾	のぎへん	私 科 秋
女	おんなへん	姉 妹 好 始
日	ひへん	明 晩 晴
土	つちへん	地 場
金	かねへん	銀 鉄

つくり

| 力 | ちから | 動 |
| 阝 | おおざと | 部 都 |

かんむり

宀	うかんむり	家 客 宅 室 宿
艹	くさかんむり	花 草 茶 荷 薬 英 若
竹	たけかんむり	答
雨	あめかんむり	電 雲 雪
亠	なべぶた	京 交

あし

| 心 | こころ | 急 思 |
| 儿 | あし | 元 先 兄 光 |

たれ

| 广 | まだれ | 広 店 府 |
| 疒 | やまいだれ | 病 |

にょう

| 辶 | しんにょう | 近 遠 送 速 遅 道 週 通 運 辺 返 |

かまえ

| 囗 | くにがまえ | 図 園 国 |
| 門 | もんがまえ | 門 間 開 閉 |

1章 生(せい)かつ **1 家族(かぞく)**

Life
生活
Cuộc sống
Family
家庭成員
Gia đình

あなたは 何人家族(なんにんかぞく)ですか。
家族(かぞく)の 話(はなし)を 聞(き)いたり 話(はな)したり できるように なりましょう。

家族兄弟姉妹私育

1章-1 家族

◆ 漢字を 読みましょう。

① わたしの 家の ちかくに コンビニが あります。

② アパートの 一かいに 大家さんが すんでいます。

③ しょう来 まんが家に なろうと おもっています。

④ 山田さんは 何人 家族ですか。

⑤ 休みの日に 友だちと 水族かんへ 行きます。

◆ 漢字を 書きましょう。

① いえ　　　　　　　　　② おおや

③ やちん　　　　ちん　　④ せいじか　せいじ

⑤ かぞく　　　　　　　　⑥ いちぞく

◆ 漢字を 読みましょう。

① 三さい 年上の 兄が います。

② 弟は 今年 中学生に なりました。

③ となりの 家の 兄弟は よく けんかします。

④ ぎりの 兄は わたしより 年下です。

⑤ ぎりの 弟は 大学生です。

◆ 漢字を 書きましょう。

① あに

② ふけい

③ ぎけい　ぎ

④ きょうだい

⑤ おとうと

⑥ ぎてい　ぎ

● 特べつなことば… お兄さん

1章－1　家族

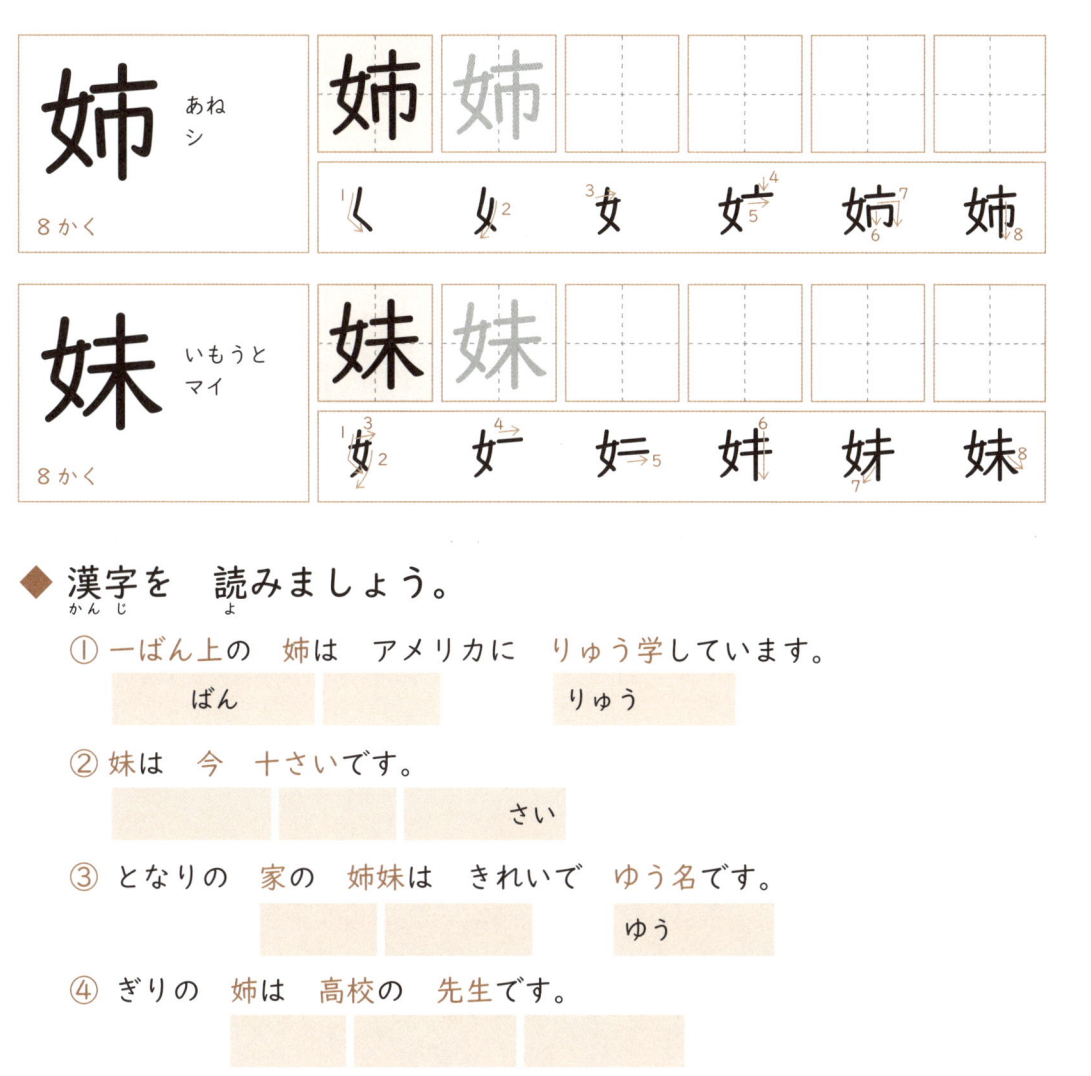

◆ 漢字を　読みましょう。

① 一ばん上の　姉は　アメリカに　りゅう学しています。

② 妹は　今　十さいです。

③ となりの　家の　姉妹は　きれいで　ゆう名です。

④ ぎりの　姉は　高校の　先生です。

⑤ まりこさんは　三人姉妹の　まん中です。

◆ 漢字を　書きましょう。

① あね　　　　　　　　　② ぎりのあね

③ いもうと　　　　　　　④ しまい

⑤ さんにんしまい

● 特べつなことば…お姉さん

◆ 漢字を 読みましょう。

① 私は 家の にわで 花を 育てています。

② むすこは 私立の 中学校に かよっています。

③ やさいが よく 育つように まい日 水を やります。

④ 今日の 体育は バレーボールを します。

⑤ 母に 育じを 手つだってもらいます。

◆ 漢字を 書きましょう。

① わたし

② しりつだいがく

③ 子どもがそだつ　　　　　つ

④ 花をそだてる　　　　　てる

⑤ こそだて　　　　　て

⑥ たいいく

ふくしゅう

1章-1 家族

1. 漢字を 読みましょう。

① 子どものころ よく 兄弟げんかを しました。　①
② 2年まえに 家を 新しく たてました。　②
③ お兄さんは 何時に 帰ってきますか。　③ お　　　さん
④ 妹は おなかが すくと すぐ なきます。　④
⑤ 小学校のころ 体育が 一ばん 好きでした。　⑤
⑥ 大家さんは アパートの 1かいに すんでいます。　⑥　　　さん
⑦ 山川さんは いなかで 育ちました。　⑦　　　ちました
⑧ 水族かんで めずらしい 魚や 貝を 見ました。　⑧　　　かん
⑨ しょう来は まんが家になる つもりです。　⑨ まんが
⑩ 姉は けっこんして 名字が かわりました。　⑩

2. 漢字を 書きましょう。

① あには アメリカに りゅう学しています。　①
② むすめは しりつの 高校に かよっています。　②
③ 川田さんの いえは 南むきで 大きな 門が あります。　③
④ おっとは いくじを 手つだってくれます。　④　　　じ
⑤ おとうとは 今年 小学生になりました。　⑤
⑥ 私の 家は ごにんかぞくです。　⑥
⑦ 上田さんの おねえさんは きれいな 人です。　⑦ お　　　さん
⑧ まい月 25日までに やちんを はらいます。　⑧　　　ちん
⑨ ベランダで トマトを そだてています。　⑨　　　てて
⑩ 山田さんしまいは 二人とも 大学生です。　⑩

1章 生かつ ２ マンション

Life
生活
Cuộc sống
Condominiums
公寓
Chung cư

あなたは どんなところに すんでいますか。
すんでいるところや 部屋について 聞いたり 話したり
できるように なりましょう。

部 屋 広 低 近 遠 静

1章 - 2 マンション

◆ 漢字を 読みましょう。

① 学部を よく しらべてから 大学を きめてください。

② かれは サッカー部の 部長です。

③ これらは 私が もっている本の 一部です。

④ マンションの 屋上から ふじ山が 見えます。

⑤ 私の 学校には うさぎ小屋が あります。

◆ 漢字を 書きましょう。

① ぶんがくぶ　ぶん

② バレーぶ　バレー

③ ぶか

④ ぶちょう

⑤ ほんや

⑥ はなや

⑦ やね　　　ね

⑧ おくじょう

● 特べつなことば…　部屋

◆ 漢字を 読みましょう。

① 川上さんの 部屋は 広くて きれいです。

② じゅんび体そうを はじめます。みなさん 広がってください。

③ 電車の中で 足を 広げて すわらないでください。

④ 私は せが 低いので 高いところが とどきません。

⑤ 子どもの 学力の 低下が もんだいになっています。

◆ 漢字を 書きましょう。

① ひろいにわ　　　　　　い　　② みちがひろがる　　　　　　がる

③ 新聞をひろげる　　　　　　げる　　④ こうだいなとち　　　　　　な

⑤ せがひくい　　　　　　い　　⑥ ていか

⑦ ていがくねん　　　　　　　　⑧ こうてい

1章-2 マンション

◆ 漢字を 読みましょう。

① 私の 家の 近くに 大きな こうえんが あります。

② このみちは 学校への 近みちです。

③ 姉は さい近 けっこんして アメリカへ 行きました。

④ 私の 家は えきから 遠いので バスに のります。

⑤ 遠りょしないで たくさん 食べてください。

◆ 漢字を 書きましょう。

① 学校にちかい　　　　い　　② 川にちかづく　　　　づく

③ きんじょ　　　　じょ　　④ さいきん　　　　さい

⑤ えきからとおい　　　　い　　⑥ えんそく

⑦ ぼうえんきょう　ぼう　　きょう

21

◆ 漢字を 読みましょう。

① すみません、すこし 静かにしてください。
　　　　　　　　　　　しず かに

② ここは 静かな 町ですね。
　　　　　しず かな

③ じしんの ときも かれは れい静に 行どうしました。
　　　　　　　　　　　　　れい せい に　こう どう

④ 1しゅう間は 安静にしてください。
　いっしゅう　　　あん せい に

◆ 漢字を 書きましょう。

① しずかな部屋　　静かな　　② れいせいな人　　冷静な

③ あんせい　安静　　　　　　④ せいでんき　静電気

1章-2 マンション

ふくしゅう

1. 漢字を 読みましょう。

① 今日の よるは 気おんが 低下します。　　①
② 新しい アパートは 広くて きれいです。　　② 　　くて
③ ぼう遠きょうで 月を かんさつしました。　　③ ぼう　　きょう
④ 火じが となりの 家まで 広がりました。　　④ 　　がりました
⑤ このマンションの 屋上から 花火が 見えます。　　⑤
⑥ 川田さんには 低学年の 子どもが います。　　⑥
⑦ さい近 あつい 日が つづいています。　　⑦ さい
⑧ 私の 弟は サッカー部に 入っています。　　⑧ サッカー
⑨ この公園は 静かですね。　　⑨ 　　か
⑩ アフリカには 広大な さばくが あります。　　⑩ 　　な

2. 漢字を 書きましょう。

① 私は せが ひくくて 高い ところが とどきません。　　① 　　くて
② ぶちょうは 今 外出しています。　　②
③ まんいん電車の 中で 新聞を ひろげないでください。　　③ 　　げないで
④ えんりょしないで 食べてください。　　④ 　　りょ
⑤ 学校の 帰りに ほんやで ざっしを 買いました。　　⑤
⑥ 家から かいしゃまで とおくて 大へんです。　　⑥ 　　くて
⑦ 大雨のとき 川に ちかづいてはいけません。　　⑦ 　　づいて
⑧ 私は ぶんがくぶを そつぎょうしました。　　⑧ ぶん
⑨ 川上さんは いつも れいせいで おちついています。　　⑨ れい
⑩ 家の ちかくに 古い お寺が あります。　　⑩ 　　く

1章 生かつ　3 ファッション

Life / 生活 / Cuộc sống / Fashion / 时尚 / Thời trang

いつもは　カジュアルな　ふだんぎでも　デートには　おしゃれを　していきますね。
ばしょに　あわせて　コーディネートを　たのしみましょう。

洋 服 短 玉 毛 糸 光 衣

1章-3 ファッション

◆ 漢字を 読みましょう。

① せん門学校で 西洋りょうりを べんきょうしました。
　　　せん　　　　　　　　　　　りょうり

② かの女に 洋がくの CDを かりました。
　　かの　　　　　がく

③ 今どの デートで きる洋服を 買いました。
　　　　ど　　　　　　　　　　　　　いました

④ 一どで いいから わ服を きてみたいです。
　　　ど　　　　わ

⑤ しごとのときは いつも せい服を きています。
　　　　　　　　　　　　せい

◆ 漢字を 書きましょう。

① せいよう　　　　　　　　② とうよう

③ ようがく　　　　がく　　④ ようが　　　　が

⑤ せいふく　せい　　　　　⑥ ようふく

⑦ わふく　わ　　　　　　　⑧ しふく

◆ 漢字を 読みましょう。

① きのうは 短い 時間でしたが とても たのしかったです。

② びよういんで かみを 短く きってもらいました。

③ 田中さんは いい 人ですが ちょっと 短気です。

④ 水玉もようの ブラウスを 買いました。

⑤ 子どものころ よく お手玉で あそびました。

◆ 漢字を 書きましょう。

① みじかい 　　　　い　　② たんなせいかく 　　　　な

③ たんしょ 　　　　しょ　　④ みずたま

⑤ たまねぎ 　　　　ねぎ　　⑥ じゅうえんだま

⑦ おとしだま お

1章-3 ファッション

◆ 漢字を 読みましょう。

① りょうりに かみの毛が 入っていました。
　　　　　　　かみの　　　　って

② まゆ毛を きれいに ととのえます。
　まゆ

③ すみません。毛ふを 一まい かしてください。
　　　　　　　ふ　　　まい

④ 毛糸で ぼうしを 作っています。
　　　　　　　　　　　って

⑤ 洋服に 糸くずが ついていますよ。
　　　　　　くず

◆ 漢字を 書きましょう。

① かみのけ　かみの　　　② まつげ　まつ

③ まゆげ　まゆ　　　　　④ いぬのけ　　　の

⑤ ようもう　よう　　　　⑥ もうふ　　　ふ

⑦ けいと　　　　　　　　⑧ はりといと

27

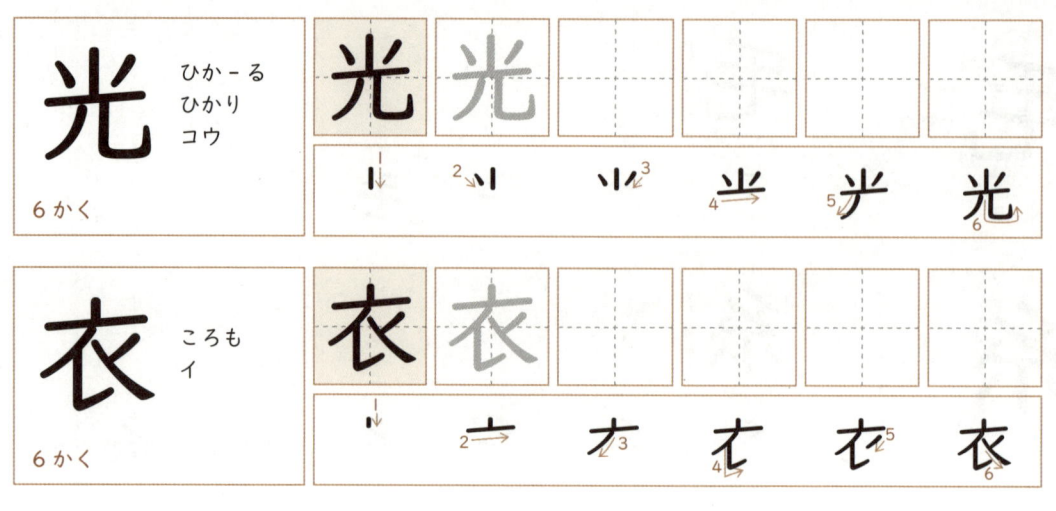

◆ 漢字を 読みましょう。

① ゆびわの ダイヤモンドが きらきら 光っています。

② たいようの 光から 電気を 作ります。

③ 日光には ゆう名な みずうみが あります。

④ きない衣服を リサイクルします。

⑤ 10月に 衣がえを しました。

◆ 漢字を 書きましょう。

① ほしがひかる 　　　る　　② 月のひかり

③ にっこう　　　　　　　　④ かんこう　かん

⑤ いふく　　　　　　　　　⑥ こういしつ　こう　　しつ

⑦ ころもがえ　　　がえ

1章-3 ファッション

ふくしゅう

1. 漢字を 読みましょう。

① はりと 糸を 使って ボタンを つけます。
② かれは すぐに おこる 短気な 人です。
③ こう衣しつで せい服に きがえます。
④ よう毛で できたコートは あたたかいです。
⑤ 今夜は 月が 明るく 光っています。
⑥ 友だちに 洋がくの CDを かりました。
⑦ おばあさんに お手玉あそびを おしえてもらいました。
⑧ 川田か長は 私服も おしゃれです。
⑨ プレゼントに 毛糸の 手ぶくろを もらいました。
⑩ 6月に 衣がえを します。

①
② 　　　　　な
③ こう　　　しつ
④ よう
⑤ 　　　　　って
⑥ 　　　　　がく
⑦ お
⑧
⑨
⑩ 　　　　　がえ

2. 漢字を 書きましょう。

① ふゆ物の 新しい ようふくを 買いました。
② かたに いとくずが ついていますよ。
③ みずたまもようの スカートを はいています。
④ まえがみを みじかく 切りました。
⑤ りかの じゅぎょうで ひかりの 速どを ならいました。
⑥ 早川先生は とうようの れきしが せん門です。
⑦ さむかったら もうふを かけてください。
⑧ いりょうひんうりばは 2かいと 3がいです。
⑨ まりえさんは いつも つけまつげを しています。
⑩ 土よう日に あさくさを かんこうします。

①
② 　　　　　くず
③ 　　　　　もよう
④ 　　　　　く
⑤
⑥
⑦ 　　　　　ふ
⑧ 　　　　　りょうひん
⑨ まつ
⑩ かん

1章 アチーブメントテスト

1. 漢字を 読みましょう。

① こうじが おわって みちが 広がりました。
　　　　　　　　　　　　　　　　　　がりました

② まんが家になりたくて デザインの せん門学校に 入りました。
　　まんが

③ 山田さんは 部長になりました。

④ 母に 水玉もようの スカーフを プレゼントしました。
　　　　　　　もよう

⑤ となりの 姉妹は いつも 二人で あそんでいます。

⑥ まい月 月まつまでに 家ちんを はらいます。
　　　　　　　　　　　　　　　ちん

⑦ えきの 近くに コンビニが たくさん あります。
　　　　　　く

⑧ きのう つめを 短く きりました。
　　　　　　　　　　く

⑨ 近くの 畑で トマトや きゅうりを 育てています。
　　　　　　　　　　　　　　　　　　　てて

⑩ と書かんでは 静かに しましょう。
　　　　　　　　　かに

2. 漢字を 書きましょう。

① おおや　　　　　　　　　　② きょうだい

③ ころもがえ　　　　　がえ　　④ しりつだいがく

⑤ おくじょう　　　　　　　　⑥ えんそく

⑦ ひかる　　　　　　　る　　⑧ まつげ　　　まつ

⑨ ていか　　　　　　　　　　⑩ たいいく

1章 生かつ

3. ぶんを 読んで 漢字を 読んだり 書いたりしましょう。

①わたしの ②家族

わたしの 家族は 5人です。 父と 母と ③兄と ④いもうとが います。

父は ⑤洋服を デザインするしごとを しています。そして 花を ⑥そだてるのが 好きです。いつか ⑦ひろい にわが ある⑧家に すみたいそうです。

母は 小学校の きょうしです。 母の しゅみは ⑨毛糸で ぬいぐるみを つくることです。

兄は 大学生です。 大学で ⑩かん光について 勉強しています。長い 休みは よく りょ行します。

いもうとは 高校生です。いもうとの 学校は ⑪せいふくが あります。⑫バレー部に 入っていて ⑬かみの毛が とても ⑭みじかいです。いもうとと は ときどき けんかを しますが なかがいい⑮姉妹です。

わたしは 今年 大学生になりました。 学校は 家から ⑯とおいので まいあさ はやく おきなければなりません。

わたしの 家は えきの ⑰ちかくで ⑱しずかじゃありません。夜、わたしの ⑲部屋から 東京タワーが ⑳ひかっているのが 見えます。とても きれいです。

①	②	③	④
⑤	⑥　　　　てる	⑦　　　　い	⑧
⑨	⑩ かん	⑪ せい	⑫ バレー
⑬ かみの	⑭　　　　い	⑮	⑯　　　　い
⑰　　　　く	⑱　　　　か	⑲	⑳　　　　って

1章 クイズ

1. えを 見て 漢字を 書きましょう。

① ☐☐

② ☐   ③ ☐

④ ☐   ⑤ ☐   れい 私   ⑥ ☐   ⑦ ☐

きょうだい

⑧ ☐☐   ⑨ ☐☐

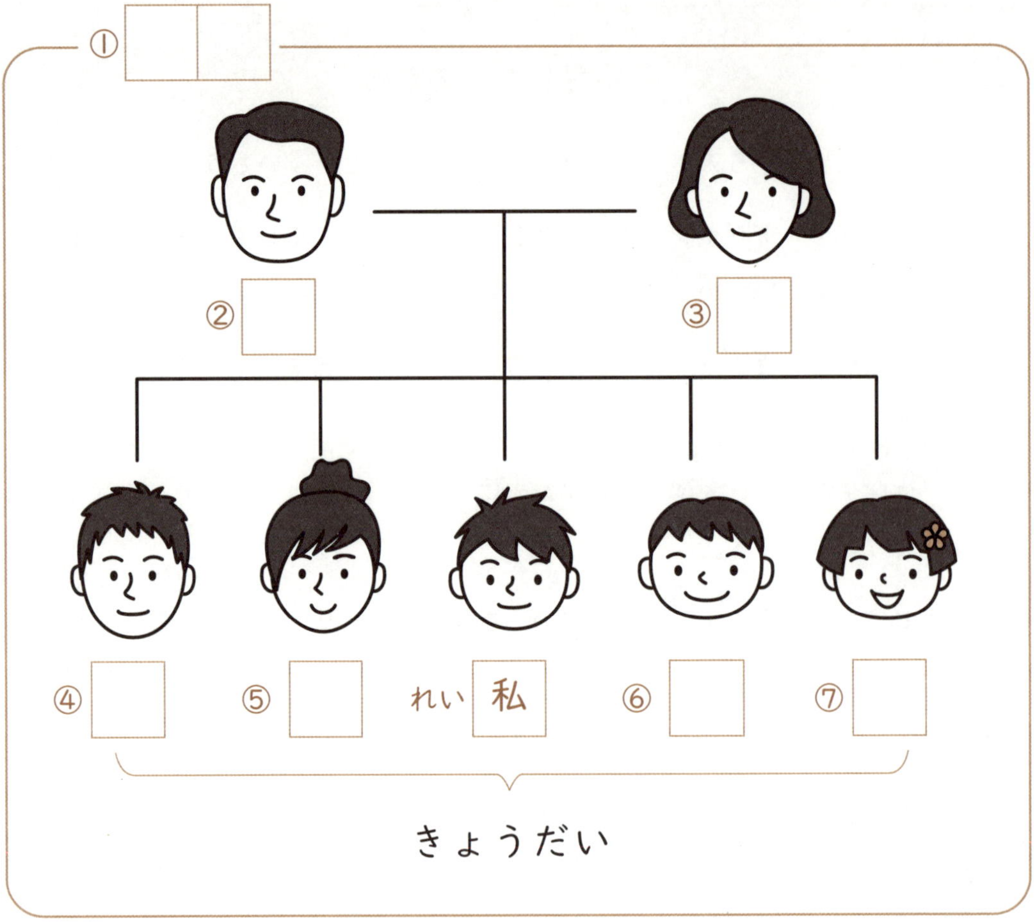

1章　生かつ

2. ☐の中に　漢字を　書きましょう。

① ☐い ⇔ せまい　　② 高い(たか) ⇔ ☐い

③ うるさい ⇔ ☐か　　④ 遠い(とお) ⇔ ☐い

⑤ 長い(なが) ⇔ ☐い　　⑥ 高学年(こうがくねん) ⇔ ☐学年(がくねん)

3. ☐の　漢字を　つかって　☐に　漢字を　書きましょう。

　　市　立　口　未　月　青　羊　方

① 私(わたし)は　5人(にん)　家(か)☐矢　です。

② 女☐は　三つ(みっ)　年上(としうえ)で　女☐は　二つ(ふた)　年下(としした)です。

③ このカフェは　いつも　☐争かです。

④ 体(たい)☐の　じゅぎょうで　テニスを　しました。

⑤ 大学(だいがく)で　西(せい)☐しを　べんきょうしています。

⑥ ☐阝屋(や)から　うみが　見(み)えます。

33

2章 コンビニ　1 レジ

Convenience Stores
便利店
Cửa hàng tiện lợi
At the Cash Register
收银台
Quầy thanh toán

コンビニは　とても　便利です。いろいろな　サービスが　あります。
レジで　おべん当を　あたためてもらうこともできます。
お店の　人は　とても　親切です。

店　客　親　切　売　当　品

2章 – 1　レジ

◆ 漢字を　読みましょう。

① あの店は　サービスが　よくて　人気が　あります。

② コンビニの　店いんに　みちを　聞きました。

③ この　ぎん行の　本店は　どこですか。

④ お客さんに　店内を　あん内します。

⑤ くうこうに　りょ客きが　つきました。

◆ 漢字を　書きましょう。

① みせ

② てんちょう

③ ほんてん

④ してん　　し

⑤ きっさてん　きっさ

⑥ おきゃくさん　お　　さん

⑦ らいきゃく

⑧ きゃくま

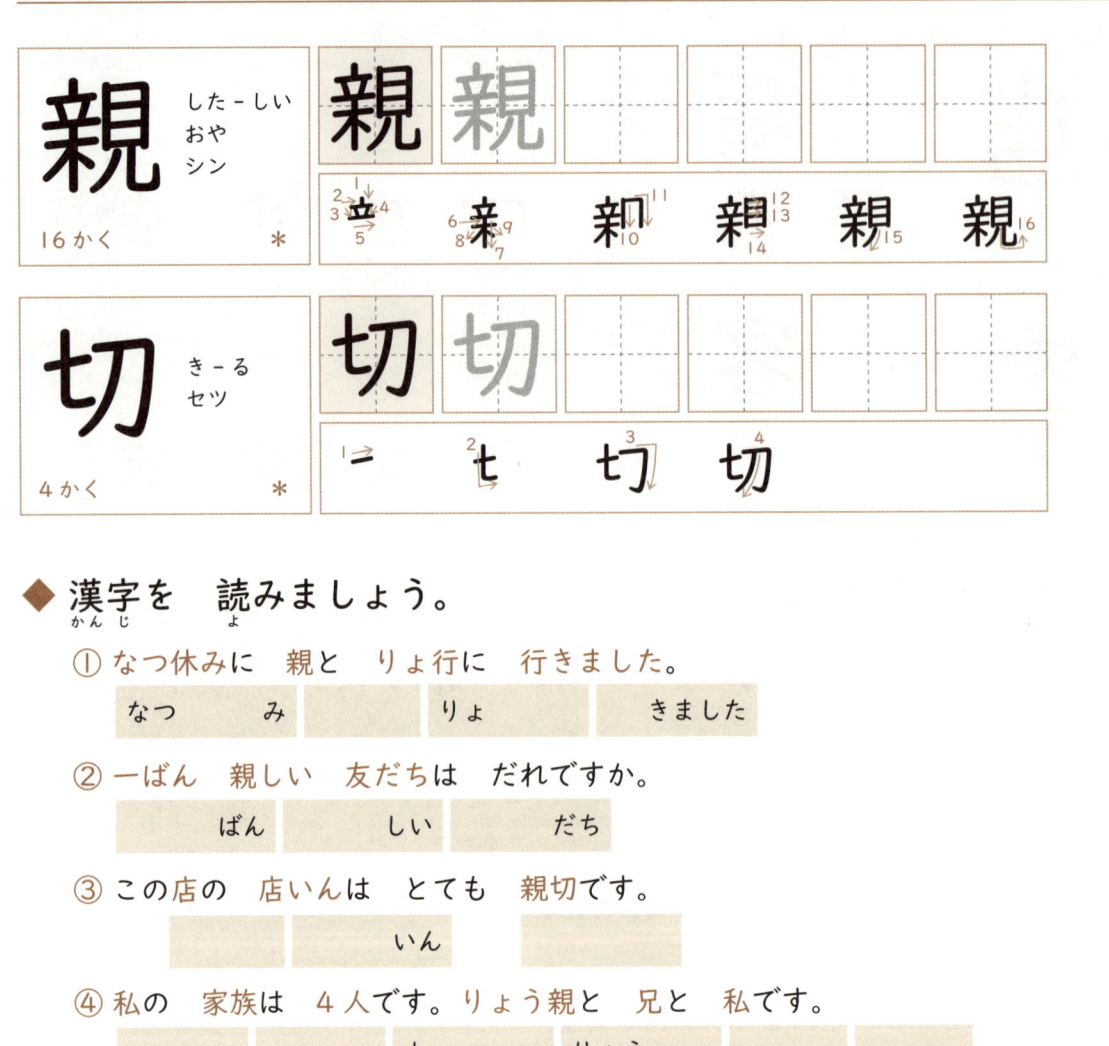

◆ 漢字を 読みましょう。

① なつ休みに 親と りょ行に 行きました。

② 一ばん 親しい 友だちは だれですか。

③ この店の 店いんは とても 親切です。

④ 私の 家族は 4人です。りょう親と 兄と 私です。

⑤ まず 肉と やさいを 切ってください。それから なべに 入れてください。

◆ 漢字を 書きましょう。

① ちちおや

② ははおや

③ おやこ

④ りょうしん　りょう

⑤ しんゆう

⑥ しんせつな人　　な

⑦ 木をきる　　る

⑧ 百円きって

売	うーる うーれる バイ	7かく
当	あーたる あーてる トウ	6かく

◆ 漢字(かんじ)を　読(よ)みましょう。

① 読んだ　本を　古本屋に　売りました。
　　んだ　　　　　　りました

② 新しい　ＣＤが　たくさん　売れました。
　　しい　　　　れました

③ えきの　売店で　新聞を　買いました。
　　　　　　　いました

④ ボールが　目に　当たって　けがを　してしまいました。
　　たって

⑤ くじで　おんせんりょ行を　当てました。
　　りょ　　てました

◆ 漢字(かんじ)を　書(か)きましょう。

① 服(ふく)をうる　　る
② やすうり　　り
③ ばいてん
④ たからくじがあたる　　たる
⑤ よそうをあてる　　てる
⑥ べんとう　　べん
⑦ とうじつ
⑧ ほんとう

●特(とく)べつなことば…　売(う)り切(き)れ

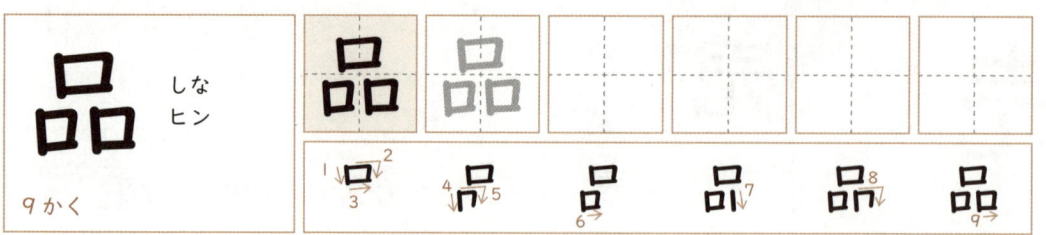

◆ 漢字を 読みましょう。

① おもい出の 品物を かたづけました。
② 安売りの せんざいが 品切れでした。
③ 近じょの スーパーは 夕方に 食品が とても 安くなります。
④ 山田さんは 話し方が とても 上品な 人です。
⑤ 入学の おいわいに デパートの しょう品けんを もらいました。

◆ 漢字を 書きましょう。

① しなもの
② しなかず
③ てじな
④ しょくひん
⑤ しょうひん
⑥ じょうひん
⑦ げひん

ふくしゅう

1. 漢字を 読みましょう。

① たからくじが 当たったら 何を したいですか。　　① たったら

② 一ばん 親しい 友だちが ひっこしてしまいました。　　② しい

③ ほうちょうで やさいを 切ります。　　③ ります

④ えきの まえに 新しい 店が できました。　　④

⑤ このスーパーは 品かずが 多くて ゆう名です。　　⑤ かず

⑥ あのレストランは いつも お客さんが たくさんいます。　　⑥ お　さん

⑦ まい朝 えきの 売店で コーヒーを 買います。　　⑦

⑧ くうこうに りょ客きが とうちゃくしました。　　⑧ りょ　き

⑨ 下品な 食べ方は やめましょう。　　⑨

⑩ パーティーで 手品を します。　　⑩

2. 漢字を 書きましょう。

① 新しい CDが 百万まい うれました。　　① れました

② コンビニで おべんとうを あたためてもらいます。　　② おべん

③ 小さいころ おやこで プールへ 行きました。　　③

④ てんいんが ていねいに せつ明してくれました。　　④ いん

⑤ しんせつな 人に みちを おしえてもらいました。　　⑤ な

⑥ 田中さんは じょうひんで とても きれいです。　　⑥

⑦ きゃくまに 花を かざります。　　⑦

⑧ バッターの あたまに ボールを あててしまいました。　　⑧ てて

⑨ 先しゅう しんゆうと ディズニーランドへ 行きました。　　⑨

⑩ ゆうびんきょくで きってを 買いました。　　⑩

2章 コンビニ ２店内

Convenience Stores
便利店
Cửa hàng tiện lợi
Inside the Store
店内
Trong cửa hàng

コンビニには いろいろな 品物が あります。
コピーを することもできます。ATMで お金も おろせます。

便 利 使 銀 白 黒 紙

2章-2 店内

便 たより　ベン　ビン　9かく

利 リ　7かく　＊

◆ 漢字を　読みましょう。

① いなかの　そ父から　便りが　来ました。
　　　　　　　そ　　　　り　　　ました

② コンビニは　何でも　あって　とても　便利です。
　　　　　　　でも　　　　　　　　　　べんり

③ ゆう便きょくで　切手を　買って　手がみを　出しました。
　　ゆう　きょく　　　　　　って　　がみ　　しました

④ 明日　8時の　便で　くにへ　帰ります。
　　　　　はち　　びん　　　　　ります

⑤ 休み時間を　利ようして　先生に　しつもんします。
　　み　　　　　　り　よう

◆ 漢字を　書きましょう。

① たよりが来る 　　　　　り　　② べんり

③ トイレのべんき 　　　　き　　④ こうくうびん　こうくう

⑤ びんせん 　　　　　　せん　　⑥ ゆうびんきょく　ゆう　きょく

⑦ りよう 　　　　　　　よう　　⑧ りしがつく

◆ 漢字を 読みましょう。

① このパソコンの 使い方を おしえてください。

② フィリピンの 大使が 来日しました。

③ このトイレは 使ようできません。ほかの トイレを 使ようしてください。

④ 銀行が 遠いので いつも コンビニの ＡＴＭを 使います。

⑤ オリンピックで 日本は 金メダルと 銀メダルを たくさん とりました。

◆ 漢字を 書きましょう。

① じしょをつかう

② つかいかた

③ たいし

④ しよう

⑤ ぎんこう

⑥ ぎんいろ

2章-2 店内

◆ 漢字を 読みましょう。

① カラーコピーは 五十円、白黒コピーは 十円です。
　　　　　　　　　　　　　　　　コピー

② たん生日に 白い ワンピースを 買ってもらいました。
　　たん　　　　　い　　　　　　　って

③ びょういんの いしゃは 白衣を きています。

④ 西の そらに まっ黒な くもが 見えます。
　　　　　　まっ　　な　　　　えます

⑤ 目が わるくて 黒ばんの 字が よく 見えません。
　　　　　　　　ばん　　　　　　　えません

◆ 漢字を 書きましょう。

① しろくろコピー　　　　　　② しろい　　　　　　　　い

③ はくちょう　　　　ちょう　　④ くろい　　　　　　　　い

⑤ くろこしょう　　　こしょう　⑥ まっくろ　　まっ

⑦ くろじ　　　　　　　　　　⑧ くろおび　　　　　　おび

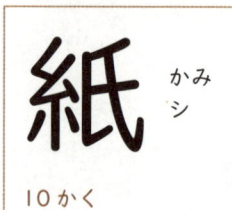
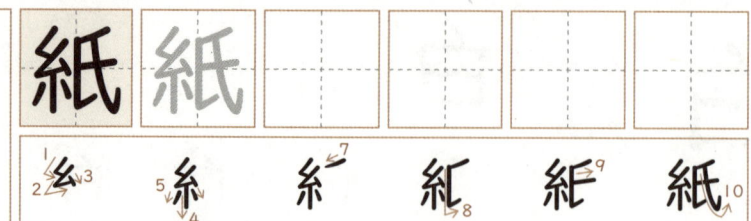

◆ 漢字を 読みましょう。

① 紙を 半分に 切ってください。

② コピーよう紙を 百まい 買いました。

③ いつも 土よう日に 新聞紙を まとめて リサイクルに 出します。

④ おり紙で どう物を おるのが 好きです。

◆ 漢字を 書きましょう。

① かみ　　　　　　② かみコップ　　コップ

③ かみひこうき　ひこうき　④ おりがみ　おり

⑤ コピーようし　よう　⑥ しんぶんし

2章－2　店内

ふくしゅう

1. 漢字を 読みましょう。

① 白い 服を きている 女の子は だれですか。　　①　　　　　い
② お金を かりたら 利子を はらわなければなりません。　　②
③ 山下さんは じゅうどうで 銀メダルを とりました。　　③　　　　　メダル
④ インターネットは とても 便利です。　　④
⑤ 川上さんは から手の 黒おびです。　　⑤　　　　　おび
⑥ ゆう便きょくで はがきを 買いました。　　⑥ ゆう　　　きょく
⑦ おり紙で きれいな 花を おりました。　　⑦ おり
⑧ せんたくしたら シャツが まっ白になりました。　　⑧ まっ
⑨ むかし ならった先生から 便りが ありました。　　⑨　　　　　り
⑩ コピーよう紙が なくなって しまいました。　　⑩ よう

2. 漢字を 書きましょう。

① 学生が こくばんに こたえを 書きます。　　①　　　　　ばん
② この水どうは しようしないでください。　　②　　　　　よう
③ かみひこうきを つくって あそびます。　　③　　　　　ひこうき
④ 大雨で 今日の びんは キャンセルになりました。　　④
⑤ このえきを りようする人は 1日 一万人ぐらいです。　　⑤　　　　　よう
⑥ はくちょうの 親子が みずうみで あそんでいます。　　⑥　　　　　ちょう
⑦ デパートで くろい スーツを 買いました。　　⑦　　　　　い
⑧ しんぶんしは ひもで しばって 出してください。　　⑧
⑨ パソコンの つかいかたが よく わかりません。　　⑨　　　　　い
⑩ ちょっと ぎんこうに 行ってきます。　　⑩

45

| 2章 | コンビニ | 3 24時間 | Convenience Stores 便利店 Cửa hàng tiện lợi 24 Hours 24 小时 24 giờ |

コンビニは 24時間 あいています。
朝 早くても 夜 おそくても いつでも 行くことができます。

朝 晩 昼 夜 前 後 午 早

朝 あさ チョウ 12かく	朝	朝				
	1 2	3 4	5 6	7	8	9 10 11 12

晩 バン 12かく	晩	晩				
	1 2 3 4	5 6	7	8	9	10 11 12

◆ 漢字(かんじ)を　読(よ)みましょう。

① 今日の　朝　何時に　おきましたか。

② 朝食は　いつも　パンと　牛にゅうです。
　（　　）にゅう

③ まどから　入ってきた朝日で　目が　さめました。
　（　　）って

④ さい近　朝晩　すずしくなりました。
　さい（　　）

⑤ いっしょに　晩ごはんを　食べませんか。
　（　　）ごはん　（　　）べません

◆ 漢字(かんじ)を　書(か)きましょう。

① あさ

② まいあさ　まい

③ あさひ

④ ちょうしょく

⑤ あさばん

⑥ ばんごはん　ごはん

⑦ こんばん

●特(とく)べつなことば… 今朝(けさ)

◆ 漢字を 読みましょう。

① 昼休みに コンビニへ 行きます。

② 昼食は もう 食べましたか。

③ きのうの 夜 8時に うちへ 帰りました。

④ 一人で 夜みちを あるくときは 気を つけてください。

⑤ 母が 夜食を もって来てくれました。

◆ 漢字を 書きましょう。

① ひる　　　　　　　　　② ちゅうしょく

③ よる　　　　　　　　　④ よみち　　　　　みち

⑤ よなか　　　　　　　　⑥ こんや

⑦ しんや　しん　　　　　⑧ やしょく

2章－3　24時間

◆ 漢字を　読みましょう。

① コンビニの前に　銀行が　あります。

② ここに　名前を　書いてください。

③ うんてんするとき　前後左右に　気を　つけましょう。

④ れつの　後ろに　ならんでください。

⑤ じゅぎょうの後　友だちと　買い物に　行きます。

◆ 漢字を　書きましょう。

① なまえ　　　　　　　　② ぜんご

③ ぜんはん　　　　　　　④ こうはん

⑤ 服のまえうしろ　　　　⑥ うしろの車

⑦ 食じのあと

◆ 漢字を 読みましょう。

① 学校は 午前 9時から 午後 4時までです。

② しょう午になったら 昼ごはんを 食べましょう。

③ まだ 時間が 早くて だれも 来ていません。

④ 私は まい朝 早く おきます。

⑤ 早朝 アルバイトを してから 学校へ 行きます。

◆ 漢字を 書きましょう。

① ごぜん   ② ごご

③ ごぜんちゅう   ④ しょうご

⑤ はやい   ⑥ はやくおきる

⑦ はやくちな人   ⑧ そうちょう

2章 − 3　24時間

ふくしゅう

1. 漢字を　読みましょう。

① 後半 20分に　日本チームが　1てん　とりました。　①
② 川口さんは　とても　早口です。　②
③ 昼食は　そばを　食べました。　③
④ はじめに　クラスと　名前を　書いてください。　④
⑤ 今夜　9時から　ドラマを　見ます。　⑤
⑥ 前後左右に　気をつけて　うんてんしてください。　⑥
⑦ 朝食は　いつも　パンと　コーヒーです。　⑦
⑧ 午後 2時から　かいぎを　始めます。　⑧
⑨ 今朝　5時に　おきて　ランニングを　しました。　⑨
⑩ アルバイトの後　いっしょに　食じしましょう。　⑩

2. 漢字を　書きましょう。

① レジのうしろに　たばこが　あります。　①　　　　ろ
② やしょくに　ラーメンを　食べると　ふとります。　②
③ 学校は　ごぜん 9時から　始まります。　③
④ ひるやすみに　友だちと　コンビニへ　行きました。　④　　　　み
⑤ あさ 8時に　うちを　出ました。　⑤
⑥ 今日の　ばんごはんは　何ですか。　⑥　　　　ごはん
⑦ よなかに　おきて　べんきょうしました。　⑦
⑧ そうちょうに　こうえんを　さんぽします。　⑧
⑨ いつも　よる 10時に　ねます。　⑨
⑩ えきのまえに　コンビニが　あります。　⑩

2章 アチーブメントテスト

1. 漢字を 読みましょう。

① パーティーで 川本さんと 親しくなりました。
　　　　　　　かわもと　　しく

② たからくじで 一おく円 当たったら どうしますか。
　　　　　　　いち　えん　たったら

③ にもつの ひもを はさみで 切ります。
　　　　　　　　　　　　　　りります

④ あそこの ケーキは すぐ 品切れになります。
　　　　　　　　　　　　　　れ

⑤ かの女は 上品な ふんいきを もっています。
　　　じょ　　　な

⑥ くにの 先生から 便りが 来ました。
　　　　せんせい　　り　き

⑦ 昼食は 近くの こうえんで 食べましょう。
　　　　　ちか　　　　　　　た

⑧ コンビニに はさみが 売っていますか。
　　　　　　　　　　　って

⑨ 早朝に 犬と さんぽします。
　　　　いぬ

⑩ うちの 近くに 新しい 店が できました。
　　　　ちか　あたら

2. 漢字を 書きましょう。

① おやこ

② ほんてん

③ くろじ

④ しんぶんし

⑤ きゃくま

⑥ ぜんご

⑦ よなか

⑧ しょうご　　　しょう

⑨ しんゆう

⑩ あさばん

2章　コンビニ

3. ぶんを 読んで 漢字を 読んだり 書いたりしましょう。

　コンビニは ①あさから ②ばんまで あいているので とても ③べんりです。④昼は たくさんの ⑤おきゃくさんが ⑥利ようしますが ⑦よる おそい 時間に 行くこともできます。私は 毎日 学校の ⑧ひるやすみに ⑨おべん当や 飲み物を 買います。そして きのうは ⑩しん夜に ⑪夜食を 買いに 行きました。

　トイレットペーパーや せんざい、ペンや ノートなど ⑫店内には いろいろな ⑬しなものが あります。また コンビニでは コピーを することもできます。⑭白黒コピーは 一まい 十円です。私は テストの ⑮前に 友だちの ノートを よく コピーします。ATMも あるので ⑯ぎんこうが うちから 遠くても お金が おろせます。⑰切手を 買うこともできます。トイレを ⑱つかうこともできます。⑲店いんも みんな ⑳しんせつです。

　コンビニは 生かつに ひつような ところです。

①	②	③	④
⑤ お　　　さん	⑥　　　よう	⑦	⑧　　　み
⑨ おべん	⑩ しん	⑪	⑫
⑬	⑭　　　コピー	⑮	⑯
⑰	⑱　　　う	⑲　　　いん	⑳

2章 クイズ

1. 下の ポスターを 見て ①～⑮の 読み方を 書きましょう。

フレンドマート　①しぶや店

えき②前だから③近くて　④便利
先ぱい⑤店いんはみんな⑥親切

アルバイト

【しごと】
・レジ
・⑦しょう品ならべ（⑧べん当など）

【時きゅう】
A：⑨午前6:00～9:00　1200円
B：⑩午後6:00～9:00　1000円
C：午後10:00～1:00　1200円

※⑪朝 ⑫早い時間、⑬夜おそい時間にはたらける人　大かんげい！
⑭お客さんとたのしく話ができる人！
いっしょにたのしくはたらきましょう。

⑮店長：すずき

---

① しぶや	②	③　　　　くて	④
⑤　　　いん	⑥	⑦ しょう	⑧ べん
⑨	⑩	⑪	⑫　　　　い
⑬	⑭ お　　　さん	⑮	

2章　コンビニ

2. □に入る漢字を書きましょう。

（れい）
```
    学
本  校  長
    か
```

①
```
    りょう
父  □  友
    子
```

②
```
    売
本  □  長
    いん
```

③
```
    今
早  □  食
    日
```

④
```
    今
しん □ 中
    食
```

⑤
```
    白
まっ □ ばん
    字
```

3. コンビニの中で見ることばです。まちがえている漢字に〇をつけてただしい漢字を書きましょう。

① 自黒コピー1まい10円

② いろは金行 ATM

③ トイレ 使よう中

④ 今日の晩ごはんにどうぞ

| ① | ② | ③ | ④ |

3章 おくり物　1 荷物

Gifts
寄送物品
Bưu phẩm
Packages
包裹
Hành lý, hàng hóa

手紙や　荷物を　送るときに　使うことばを　おぼえましょう。
宅はい便で　荷物を　送ったり　うけとったりすることができます。

荷　送　宅　急　速　遅　重　軽

3章 - 1　荷物

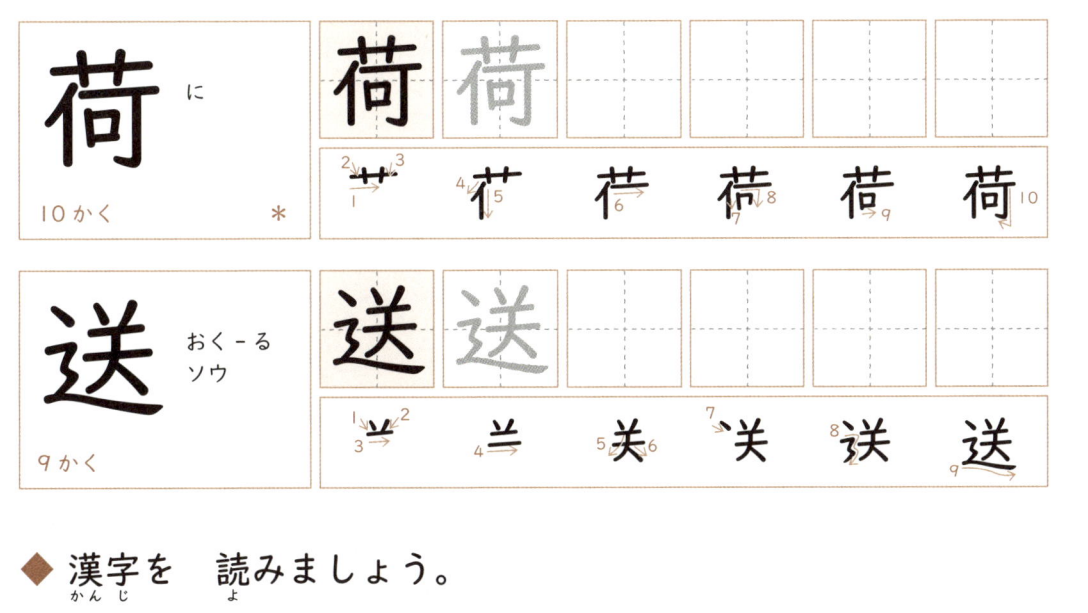

◆ 漢字を　読みましょう。

① 荷物が　たくさん　ありますね。少し　もちましょうか。

② 手荷物は　あそこの　カウンターに　あずけてください。

③ メールに　ファイルを　てんぷして　送ってください。

④ 雨が　ふっていたので　えきまで　友だちを　送りました。

⑤ 友だちが　ひっこします。わかれる前に　みんなで　送べつかいを　しました。

◆ 漢字を　書きましょう。

① にもつ　　　　　　　　　　② てにもつ

③ 手紙をおくる　　　る　　　④ メールそうしん　　　しん

⑤ みおくり　　　　り　　　　⑥ そうべつかい　　　べつかい

◆ 漢字を 読みましょう。

① 山田さんの お宅は どちらですか。
　　　　　さん　お

② このあたりの じゅう宅は みんな ゆう名人の 家です。
　　　　　　　じゅう　　　　　　ゆう

③ 友だちと パーティーを します。宅はいピザを ちゅうもんします。
　　　　だち　　　　　　　　　　　　はい

④ 時間が ないので 急いで 昼ごはんを 食べます。
　　　　　　　　　いで　ごはん　べます

⑤ 朝は いい てん気でしたが 雨が 急に ふってきました。
　　　　　　　てん　　　　　　　　　に

◆ 漢字を 書きましょう。

① きたく　　　　　　　　　② じゅうたく　じゅう

③ おたく　お　　　　　　　④ いそいで帰る　　　　いで

⑤ きゅうこう　　　　　　　⑥ きゅうなようじ　　　な

⑦ きゅうきゅうしゃ　きゅう

3章 − 1　荷物

◆ 漢字を　読みましょう。

① この川は　ながれが　速いです。

② 兄は　ごはんを　食べるのが　速いです。

③ このみちは　時速 60 キロまでしか　出してはいけません。

④ ねぼうして　やくそくの　時間に　遅れてしまいました。

⑤ 学校に　遅こくしないでください。

◆ 漢字を　書きましょう。

① はやい　　　　　　　　　　い　　② そくど　　　　　　　　　　ど

③ じそく　　　　　　　　　　　　　④ そくたつ　　　　　　　　　たつ

⑤ おそい　　　　　　　　　　い　　⑥ 電車がおくれる　　　　　　れる

⑦ ちこく　　　　　　　　　　こく

◆ 漢字を 読みましょう。

① 今日は とても さむいです。服を 何まいも 重ねて きています。

② 荷物が 重いので タクシーで 帰ります。

③ 今日の かいぎは とても 重ようなので 遅れないでください。

④ 軽くて ポケットが たくさんあるかばんが ほしいです。

⑤ 朝の ストレッチを つづけていたら 体が 軽くなりました。

◆ 漢字を 書きましょう。

① よていがかさなる　　なる　　② 本をかさねる　　ねる

③ たいじゅう　　　　　　　　④ おもい荷物　　い

⑤ かるいけが　　い　　　　　⑥ 口がかるい　　い

⑦ かろやかにあるく　やかに　⑧ けいしょく

3章-1　荷物

ふくしゅう

1. 漢字を 読みましょう。

① このダンボール、とても 重いです。何が 入っていますか。　①　　　　　　い
② 友だちに しゃしんを メールで 送ります。　②　　　　　　ります
③ いい天気でしたが 急に 雨になりました。　③　　　　　　に
④ くにの 母から 荷物が とどきました。　④
⑤ ダイエットしたら 体が 軽くなりました。　⑤　　　　　　く
⑥ どうして 遅こくしたんですか。　⑥　　　　　　こく
⑦ 先生の お宅は どちらですか。　⑦ お
⑧ 友だちを くうこうまで 見送りに 行きました。　⑧　　　　　　り
⑨ 高山さんは クラスで 一ばん 足が 速いです。　⑨　　　　　　い
⑩ 時間が ないので 急いでください。　⑩　　　　　　いで

2. 漢字を 書きましょう。

① 私は まい晩 7時に きたくします。　①
② すみません。この手紙を そくたつで おねがいします。　②　　　　　　たつ
③ くにへ 帰る 友だちの そうべつかいを します。　③　　　　　　べつかい
④ しりょうを 十まい かさねたら ホッチキスで とめます。　④　　　　　　ねたら
⑤ てにもつは こちらの カウンターへ どうぞ。　⑤
⑥ ここで サンドイッチなどの けいしょくが 買えます。　⑥
⑦ このえきは きゅうこうの 電車は とまりません。　⑦
⑧ たいじゅうが ふえたので ジョギングを 始めました。　⑧
⑨ あ、雨ですね。えきまで おくりましょうか。　⑨　　　　　　りましょう
⑩ やくそくの 時間に おくれて かの女と けんかしました。　⑩　　　　　　れて

61

| 3章 | おくり物 | **2 あて先** | Gifts 寄送物品 Bưu phẩm
Addresses 寄往地址 Thông tin người nhận |

荷物を　送るとき　かならず　あて先を　書きます。
あて先を　書くときに　ひつような　漢字を　おぼえましょう。

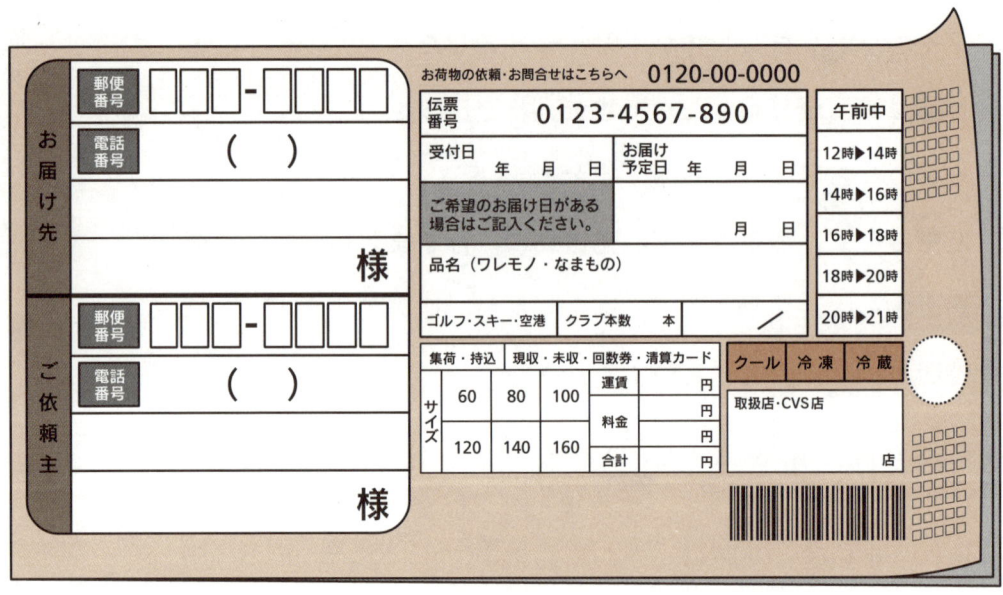

住 所 様 主 番 地 号 京

3章－2 あて先

◆ 漢字を 読みましょう。

① 私は 学生ようの アパートに 住んでいます。

② 住宅がいの中に 大きな こうえんが あります。

③ 私は 高い 所が あまり 好きじゃありません。

④ この部屋は 「いま」です。食じを したり テレビを 見たりする 所です。

⑤ ここに あなたの 名前と 住所を 書いてください。

◆ 漢字を 書きましょう。

① すむ　　　　む　　② じゅうたくがい　　　　がい

③ たかいところ　　　　い　　④ じゅうしょ

⑤ ばしょ　　ば　　⑥ なんかしょ　　か

⑦ ちょうしょ　　⑧ たんしょ

◆ 漢字を 読みましょう。

① お客様、おまたせいたしました。こちらへ どうぞ。
　　お

② おつかれ様でした。お先に しつれいします。
　　おつかれ　　　　お　　に

③ 店の外から 中の 様子を 見ます。
　　　　　　　　　　　　　　　　　　　ます

④ おとし物の さいふの もち主を さがしています。
　　おとし　　　　　もち

⑤ 早川さんの ご主人は 小学校の 校長です。
　　　　さん ご

◆ 漢字を 書きましょう。

① たなかさま　　　　　　② おきゃくさま　お

③ 店内のようす　　　　　④ もちぬし　もち

⑤ おもに　　　　　　に　⑥ おもなメンバー　　　な

⑦ ごしゅじん　ご

3章 − 2 あて先

◆ 漢字を 読みましょう。

① がんばって べんきょうしたら テストで 一番を とりました。

② こう番で 銀行の 行き方を 聞きました。
　こう　　　　　　　　　　き　　　きました

③ 今日の そうじ当番は 私たちの グループです。
　　　　　　　　　　　　　　たち

④ デパートの 地下で 食りょう品を たくさん 買いました。
　　　　　　　　　　りょう　　　　　　　　いました

⑤ あの人は いつも 地みな 服を きています。
　　　　　　　　　みな

◆ 漢字を 書きましょう。

① いちばん　　　　　　　　② なんばん

③ こうばん　こう　　　　　④ とうばん

⑤ ちめい　　　　　　　　　⑥ ちじょう

⑦ ばんち　　　　　　　　　⑧ じみないろ　　　　みな

◆ 漢字を 読みましょう。

① 電話番号を おしえてください。

② 私の 部屋は 301号しつです。
　　　　　　　　　さんぜろいち　しつ

③ まい月 読んでいるざっしの 11月号を 買いました。
　　まい　　んで　　　　じゅういち　　　いました

④ 東京の 人口は やく 1,400 万人です。
　　　　　　　　　　　せんよんひゃく

⑤ 京ひんエリアを かん光します。
　　　ひん　　かん

◆ 漢字を 書きましょう。

① でんわばんごう　　　　　② 101ごうしつ　101　　しつ

③ しんごう　しん　　　　　④ ねんごう

⑤ ごうがい　　　　　　　　⑥ とうきょう

3章−2 あて先

ふくしゅう

1. 漢字を 読みましょう。

① テストで 一番が とれるように べんきょうします。　　①
② 東京の 町を バスで かん光 します。　　②
③ 明日 テストが あるので 年号を おぼえます。　　③
④ 7時に いつもの ば所で あいましょう。　　④ ば
⑤ 家族は 主人と 私の 二人です。　　⑤
⑥ 黒川さんは 一人で アパートに 住んでいます。　　⑥ 　　んで
⑦ お客様、こちらの セーターは いかがですか。　　⑦ お
⑧ ちょっと 地みですね。ちがうデザインは ありますか。　　⑧ 　　み
⑨ 私は 高い 所が あまり 好きじゃありません。　　⑨
⑩ ここからは 中の 様子が ぜんぜん わかりません。　　⑩

2. 漢字を 書きましょう。

① このかさの もちぬしが わかりますか。　　① もち
② でんわばんごうを おしえてください。　　②
③ 私の ちょうしょは 明るくて 元気な ところです。　　③
④ ワイン売り場は ちか 1 かいです。　　④
⑤ 本屋で ざっしの 12 がつごうを 買います。　　⑤ 12
⑥ ここに 名前と じゅうしょを 書いてください。　　⑥
⑦ 私の しごとは おもに えいぎょうの サポートです。　　⑦ 　　に
⑧ 今日の そうじとうばんは だれですか。　　⑧
⑨ おつかれさまでした。お先に しつれいします。　　⑨ おつかれ
⑩ インターネットで ちめいを しらべます。　　⑩

| 3章 | おくり物 | **3 都道府県** | Gifts 寄送物品 Bưu phẩm
Prefectures 都道府県 Đơn vị tỉnh thành |

いろいろな 所に 手紙や 荷物を 送ります。
送るときに ひつような ことばを 読んだり
書いたり できるようになりましょう。

国 都 道 府 県 市 区 村

3章－3　都道府県

◆ 漢字を　読みましょう。

① あなたの　国の　ゆう名な　食べ物は　何ですか。

② 日本では　国ごの　じゅぎょうで　かん字を　べんきょうします。

③ この紙に、名前、住所、国せきを　書いてください。

④ 東京都は　日本の　しゅ都です。

⑤ いつか　都かいで　生かつしたいです。

◆ 漢字を　書きましょう。

① がいこく

② きこく

③ きょうと

④ とない

⑤ とかい

⑥ 住めばみやこ

◆ 漢字を 読みましょう。

① 道を あるくときは 車に 気をつけましょう。

② 家の前の 道で たくさんの 子どもたちが あそんでいます。

③ 私の いとこは 北かい道に 住んでいます。

④ 大さか府は 西日本の 中しんです。

⑤ 後ろに「府」が つく所は 大さかと 京都です。

◆ 漢字を 書きましょう。

① みちをあるく　　　　② どうろ

③ ほっかいどう　　　　④ どうぐ

⑤ おおさかふ　　　　　⑥ きょうとふ

3章－3 都道府県

◆ 漢字を 読みましょう。

① 日本には 43の 県が あります。

② 私は 山口県の 生まれです。
　　　　　　　　　　　　まれ

③ ひっこしたときは 市やく所に 行って 手つづきを しなければなりません。
　　　　　　　　　　　　やく　　　　って　　つづき

④ 日よう日に 新しい 市長を きめるせんきょが あります。
　　　よう　　しい

⑤ 朝市に 行くと 新しい やさいを 安く 買うことができます。
　　　　　く　　　しい　　　　　く　　う

◆ 漢字を 書きましょう。

① やまぐちけん　　　　　　　② あおもりけん　あお

③ いわてけん　　　　　　　　④ いちば　　　　　　　ば

⑤ しやくしょ　やく　　　　　⑥ しない

⑦ いっといちどうにふよんじゅうさんけん

71

◆ 漢字を 読みましょう。

① 東京都には 23の 区が あります。

② 子どもたちは 区内の 学校に 行っています。

③ この道を わたると となりの 区になります。

④ この村は 人も 車も 都かいに くらべて 少ないです。

⑤ いくつかの 市町村を まとめて 新しい ひとつの 市が できました。

◆ 漢字を 書きましょう。

① にじゅうさんく　　　　　② くちょう

③ くない　　　　　　　　　④ むら

⑤ そんちょう　　　　　　　⑥ しちょうそん

3章 − 3　都道府県

ふくしゅう

1. 漢字を　読みましょう。

① 東京は　外国から　たくさん　かん光客が　来ます。　①
② ふゆ休みに　友だちと　北かい道へ　行きます。　② かい
③ このコンサートは　区内の　人だけ　むりょうです。　③
④ 京都は　古い　お寺が　たくさん　あります。　④
⑤ となりの　村へ　行くとき　バスで　2時間　かかります。　⑤
⑥ 市場では　新しい　やさいや　魚を　安く　売っています。　⑥
⑦ 日本の　しゅ都は　どこか　わかりますか。　⑦ しゅ
⑧ あなたは　何県の　出しんですか。　⑧
⑨ 市内を　かん光バスで　まわるツアーが　人気です。　⑨
⑩ 府が　つく所は　大さかと　京都の　ふたつです。　⑩

2. 漢字を　書きましょう。

① 日本では　車は　どうろの　左を　はしります。　① ろ
② しやくしょの　となりの　公園は　とても　きれいです。　② やく
③ 朝8時の　ひ行きで　きこくします。　③
④ 日本には　いっといちどうにふよんじゅうさんけんが　あります。　④
⑤ 私の　むらには　コンビニが　ないので　ふ便です。　⑤
⑥ とうきょうとの　人口は　やく1,400万人です。　⑥
⑦ 新聞に　くちょうの　インタビューが　のっています。　⑦
⑧ 一ど　とかいに　住んでみたいです。　⑧ かい
⑨ みちに　タバコや　ゴミを　すててはいけません。　⑨
⑩ 住所へんこうは　しちょうそんの　やく所で　してください。　⑩

3章 アチーブメントテスト

1. 漢字を　読みましょう。

① このえきに　急行の　電車は　とまりません。

② りょうりが　できました。すぐ　お客様に　出してください。

③ メールを　送しんするときは　あいての　アドレスを　かくにんしましょう。

④ つくえの　上に　本を　たくさん　重ねて　おかないでください。

⑤ 新かんせんも　ひ行きも　速いですが　りょう金が　高いです。

⑥ 日本へ　来たら　ぜひ　京都を　かん光してください。

⑦ 私が　住んでいるアパートは　学校から　5分の　所にあります。

⑧ 速たつで　出したら　明日の　夕方までに　とどきます。

⑨ 国へ　帰る　友人を　くうこうまで　見送りに　行きました。

⑩ すず木さんの　ご主人は　有名な　かいしゃの　しゃ長です。

2. 漢字を　書きましょう。

① ちょうしょ　　　　　　　② きこく

③ けいしょく　　　　　　　④ そうべつかい

⑤ ちこく　　　　　　　　　⑥ じそく

⑦ ようす　　　　　　　　　⑧ ごうがい

⑨ とない　　　　　　　　　⑩ あさいち

3章　おくり物

3. ぶんを　読んで　漢字を　読んだり　書いたりしましょう。

　日本の　①にもつを　②おくるサービスは　じゅうじつしています。この前　学校の　じゅぎょうで　③宅はい便の　人に　インタビューして　いろいろな　ことが　わかりました。

　日本の　宅はい便は　たとえば　明日までに④いそいで　送りたいとき、おねがいした時間に　⑤遅れることは　ありません。荷物が　うけとれなくても⑥きたくしてから　電話すれば　夜⑦おそい　時間でも　もう一ど　とどけてくれます。とても　うれしい　サービスですね。

　道の　もんだいが　なければ　⑧すんでいる⑨区内や　⑩市内は　だいたいつぎの日に　とどきます。⑪北かい道や　おきなわなど　遠い　⑫ところは　少し時間が　かかります。

　荷物を　送るときは　あて先を　きちんと　書かなければなりません。宅はい便の　人は　⑬じゅうしょは　⑭ばんちだけでなく　マンションや　アパートの　名前と　部屋が　⑮何号しつかまで　きちんと　書いてほしいと　言っていました。⑯急な　れんらくを　したいときも　あるので　⑰でんわばんごうも　わすれずに　書いてほしいと　言っていました。

　いろいろな　話が　聞けて　べんきょうになりました。宅はい便の　人は　みんな　⑱おもい　荷物も　⑲軽く　はこんでいました。これが　私が　⑳いちばんおどろいたことです。

①	② る	③ はい	④ いで
⑤ れる	⑥	⑦ い	⑧ んで
⑨	⑩	⑪ かい	⑫
⑬	⑭	⑮ しつ	⑯ な
⑰	⑱ い	⑲ く	⑳

3章 クイズ

1. 手紙の あて先を 書きましょう。

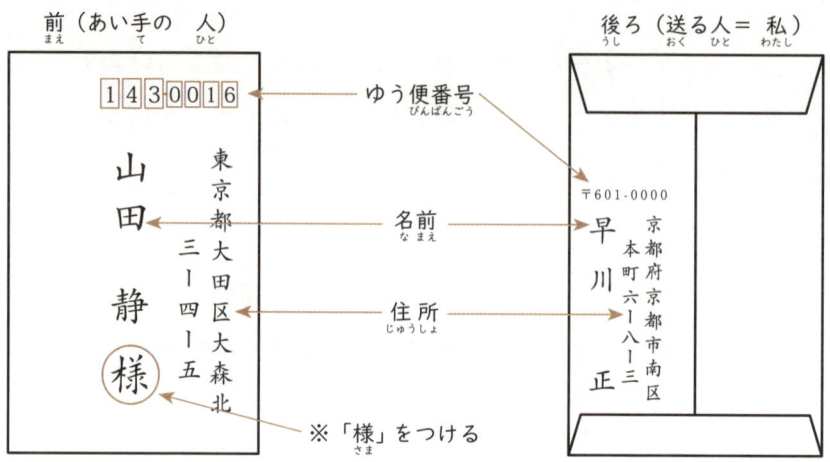

《前》
① あい手の 人の 名前は 紙の まん中に 大きく 書きます。
② 送り先の 住所は 少し 小さい 字で 名前と 同じくらいの 高さから 書きます。
③ マンションや アパートの 名前と 部屋番号も 書きます。

《後ろ》
送る人の 名前と 住所は 小さい 字で 書きます。

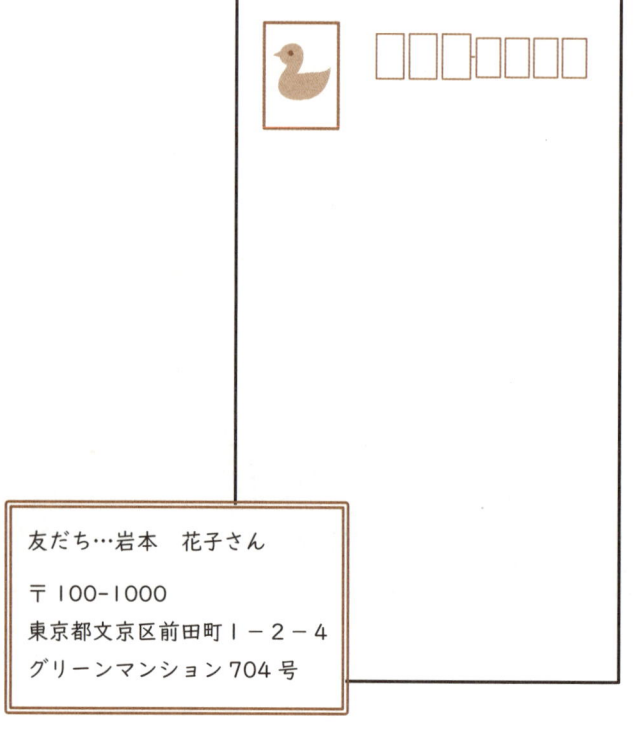

友だち…岩本 花子さん

〒100-1000
東京都文京区前田町1-2-4
グリーンマンション704号

3章　おくり物

2. □の中には どんな 漢字が 入りますか。えらんで 書きましょう。

（れい）重い ⇔ 軽い

| 国 | 速 | 地 | 長 | 国 | 軽 | 所 | 地 |

① □内 ⇔ □外
② □い ⇔ 遅い
③ □上 ⇔ □下
④ □所 ⇔ 短□

3. やくそくの 時間に 遅れました。漢字を 入れて りゆうを せつ明しましょう。

所	道
遅	送
急	重
	速

（れい）ごめんなさい。（ 急 ）な ようじで…。
① 電車が （　　）れてしまって…。
② 待ちあわせの ば（　　）が わからなくて…。
③ 遅れるって、メールを（　　）ったんだけど…。
④ 部長に（　　）ような しごと たのまれてしまって…。
⑤ タクシーに のったら（　　）が こんでて…。

4. 宅はいピザを ちゅうもんします。□の中に 漢字を 入れましょう。

店：はい。いつも ありがとうございます。ピザハウス、しんじゅく店です。
客：ちゅうもんを おねがいします。
店：はい。では、まず お①□□の お電話②□□を おねがいします。
客：03-1234-9876 です。
店：お名前は？
客：緑川です。
店：緑川③□ですね。では、ごちゅうもんを おねがいします。
客：シーフードピザを 一まいと ミックスピザを 一まい、おねがいします。
店：かしこまりました。では ご④□□を おねがいします。
客：目黒⑤□品山町 3ちょう目、25⑥□の 1号です。
　　朝日マンションの 402号しつです。
店：はい、わかりました。それでは、今から 30分い内に とどけます。
　　も⑦□れたら、サービスはんを プレゼントします。ありがとうございました。

77

4章 スケジュール | 1 デート

Schedules
日程
Lịch trình
Dates
约会
Hẹn hò

デートは どんなところに 行きますか。
映画を 見たり ゆう園地に 行ったり…
公園を さんぽするのも いいですね。

| 毎週 | 映画館 | 公園 |

4章 - 1 デート

◆ 漢字を 読みましょう。

① きょ年から 毎日 日きを つけています。

② 毎年 そ母の たんじょう日に 家族で おいわいを します。

③ 毎週 金よう日に テストが あります。

④ かの女と 1週間ぶりに あいました。

⑤ 今どの 週まつ 友だちと 買い物に 行きます。

◆ 漢字を 書きましょう。

① まいにち

② まいとし

③ まいかい　　　　　かい

④ まいしゅう

⑤ しゅうきゅう

⑥ にしゅうかん

⑦ しゅうまつ　　　　まつ

⑧ らいしゅう

◆ 漢字を 読みましょう。

① テレビに 友だちが 映って びっくりしました。
　　　　　　　だち　　　って

② スクリーンに しゃしんを 映します。
　　　　　　　　　　　　　します

③ きのう はじめて こい人と 映画を 見に 行きました。
　　　　　　　　　こい　　　　　　　　　　　きました

④ ゆう名な 画家の えを かざります。
　　ゆう　な

⑤ 来週の りょ行の けい画を 立てました。
　　　　　りょ　　けい　　　てました

◆ 漢字を 書きましょう。

① テレビにうつる　　　　る　　② すがたをうつす　　　　す

③ えいが　　　　　　　　　　　④ がか

⑤ パソコンのがめん　　めん　　⑥ まんが　　まん

⑦ かくすう　　　　　すう　　　⑧ けいかく　　けい

4章 − 1 デート

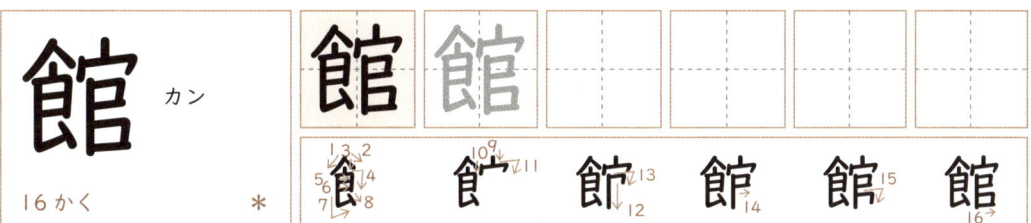

館 カン
16かく　＊

◆ 漢字を　読みましょう。

① えきの　近くに　大きい　映画館が　できました。

② 明日の　午前中に　大使館へ　行くつもりです。

③ この洋館は　100年前に　たてられました。

◆ 漢字を　書きましょう。

① りょかん　りょ　　　② えいがかん
③ たいしかん　　　　　④ はくぶつかん　はく
⑤ びじゅつかん　びじゅつ

81

◆ 漢字を 読みましょう。

① ゆう名人カップルが けっこんを 公に しました。

② 私は 公立の 学校に かよっています。

③ さい近は 公私ともに いそがしい まい日を 送っています。

④ このドラマの 主人公は 今 人気の アイドルです。

⑤ かれと 公園へ 犬の さんぽに 行きました。

◆ 漢字を 書きましょう。

① おおやけ

② こうりつ

③ しゅじんこう

④ 映画のこうかい　　　かい

⑤ こうえん

⑥ ゆうえんち　ゆう

⑦ どうぶつえん　どう

⑧ ようちえん　ようち

4章－1 デート

ふくしゅう

1. 漢字を 読みましょう。

① かの女と 今どの りょ行の けい画を 立てました。　　①　けい
② 女ゆうの Aさんは 年れいを 公に していません。　　②
③ スライドに グラフを 映して せつ明します。　　③　　　　　して
④ この おもしろい まん画は 中田くんが かきました。　　④　まん
⑤ かの女と ゆう園地へ あそびに 行きました。　　⑤　ゆう
⑥ 部長は 公私ともに いそがしい 人です。　　⑥
⑦ このドラマを 毎かい たのしみに しています。　　⑦　　　　　かい
⑧ 明日の 午前中に 大使館へ 行くつもりです。　　⑧
⑨ しけんまで あと 2週間しか ありません。　　⑨　に
⑩ 子どもと どう物園へ 行く やくそくを しました。　　⑩　どう

2. 漢字を 書きましょう。

① ふじ山が みずうみに きれいに うつっています。　　①　　　　　って
② まいとし ふゆに そ父が りんごを 送ってくれます。　　②
③ 休みの日 はれていたら こうえんで 本を 読みます。　　③
④ 私の かいしゃは しゅうきゅうふつかで 日よう日と 水よう日が 休みです。　　④
⑤ はこねへ 行って 古い りょかんに とまりました。　　⑤　りょ
⑥ 子どもを ようちえんまで むかえに 行きます。　　⑥　ようち
⑦ しょう来は がかになりたいです。　　⑦
⑧ しゅうまつは かの女と どこかへ 出かけたいです。　　⑧　　　　　まつ
⑨ まいにち 家に 帰ってから 2時間 べんきょうします。　　⑨
⑩ かれと 話だいの えいがを 見に 行きました。　　⑩

4章 スケジュール 2 けっこんきねん日

Schedules / 日程 / Lịch trình
Wedding Anniversary / 结婚纪念日 / Kỷ niệm ngày cưới

けっこんきねん日は 特べつな 日です。
思い出の レストランで 食じが できたら すてきですね。

夫 妻 特 思 料 理 有

4章 − 2 けっこんきねん日

◆ 漢字を 読みましょう。

① 5年前に 夫と 出あいました。
　　　　ご　　　　　　　あいました

② けっこんしきに 部長ご夫妻を しょうたいしました。
　　　　　　　　　　　　ご

③ 休みの日は 夫ふで りょうりを します。
　　　　　　みの　　　　ふ

④ けっこんきねん日に 妻に ゆびわを プレゼントしました。
　　けっこんきねん

⑤ さとうさんは かいしゃでは ゆう名な あい妻家です。
　　　　　　　　　　　　　　ゆう　な　あい

◆ 漢字を 書きましょう。

① おっと　　　　　　　　　　② たなかふさい

③ ふうふ　　　　　　ふ　　　④ しゃ長ふじん
　　　　　　　　　　　　　　　　ちょう

⑤ つま　　　　　　　　　　　⑥ さいし

⑦ あいさいか　あい

◆ 漢字を 読みましょう。

① このなつは 特に あつかったですね。

② 今日は 特べつに ワインで かんぱいしましょう。

③ なつに 二人で りょ行しようと 思っています。

④ みんなで あそびに 行ったふじ山は いい 思い出になりました。

⑤ じ分の い思で りゅう学を きめました。

◆ 漢字を 書きましょう。

① とくべつ
② とくばい
③ とくに
④ とっきゅう
⑤ おもう
⑥ おもい
⑦ おもいで
⑧ ししゅんき

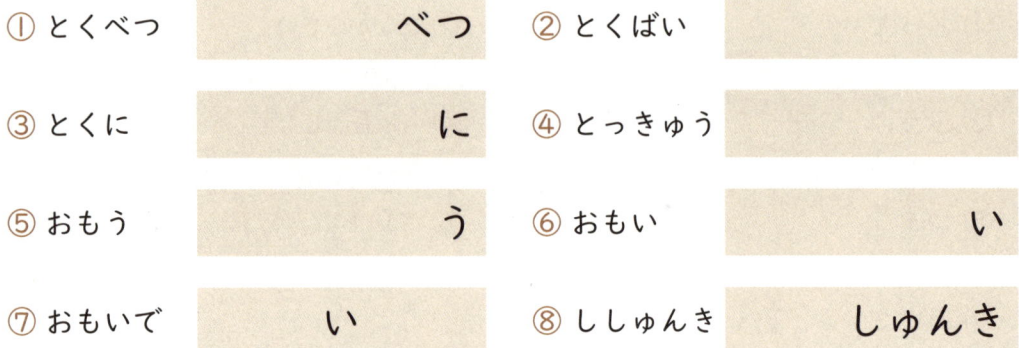

4章-2 けっこんきねん日

◆ 漢字を 読みましょう。

① 料金は 先に はらってください。
　　　　　　に

② スーパーで 食料を 買います。
　　　　　　　　　います

③ アルバイトで はじめて きゅう料を もらいました。
　　　　　　　　　　　　きゅう

④ 妻の 料理は どれも おいしいです。

⑤ 私は 理けいの 大学に 入りたいです。
　　　　　けい　　　　　　　りたい

◆ 漢字を 書きましょう。

① りょうきん　　　　　　　② しょくりょう

③ むりょう　む　　　　　　④ しりょう　し

⑤ りょうり　　　　　　　　⑥ りゆう　　　　ゆう

⑦ ぶつり　　　　　　　　　⑧ りけい　　　　けい

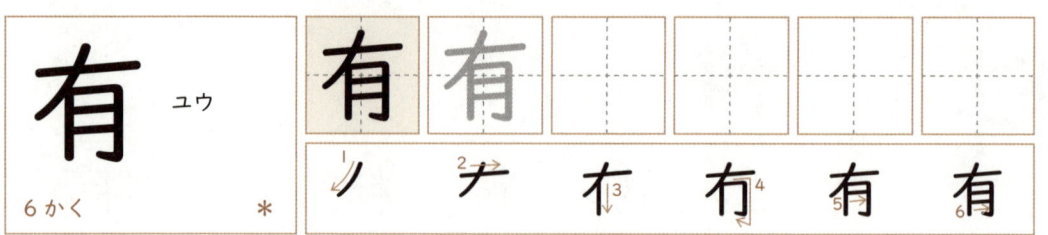

◆ 漢字を 読みましょう。

① 有名な レストランで かの女に プロポーズしました。

② このじけんの 有力な じょうほうを さがしています。

③ 有料の ちゅう車場ですが ここに とめましょう。

◆ 漢字を 書きましょう。

① ゆうりょう　　　　　② ゆうめいじん

③ ゆうりょく　　　　　④ ゆうり

4章－2　けっこんきねん日

ふくしゅう

1. 漢字を 読みましょう。

① 週まつは 夫と 二人で テニスを します。　　①
② きのう 田中夫妻に お子さんが 生まれました。　　②
③ 今年の ふゆは 特べつに さむいです。　　③　　　べつに
④ さとうさんは あい妻家です。　　④ あい
⑤ 今年は おんせんに 行こうと 思っています。　　⑤　　　って
⑥ じ分の い思で 日本へ りゅう学しました。　　⑥ い
⑦ 特急電車に のれば 東京まで 20分です。　　⑦
⑧ ここは む料で お茶を サービスしてくれます。　　⑧ む
⑨ じけんの 有力な しょうこが 見つかりました。　　⑨　　　な
⑩ 私は 理けいの 大学を そつぎょうしました。　　⑩　　　けい

2. 漢字を 書きましょう。

① はじめての きゅうりょうを もらいました。　　① きゅう
② おとなりの ごふうふは いつも なかが いいです。　　② ご　　ふ
③ 前川くんは 学校で 一番の ゆうめいじんです。　　③
④ 学生のときは ぶつりが とくいでした。　　④
⑤ バスりょうきんは 前ばらいで 二百円です。　　⑤
⑥ このきょくを 聞くと いつも かれを おもいだします。　　⑥　　い　します
⑦ ともだちが 国の りょうりを つくってくれました。　　⑦
⑧ しぶやは とくに わかものが 多い 町です。　　⑧　　に
⑨ つまの たん生日に 花を あげました。　　⑨
⑩ しゅしょうふじんは むかし 女ゆうでした。　　⑩

4章 スケジュール 3 しごと

Schedules
日程
Lịch trình
Work
工作
Công việc

あなたは どんな しごとに きょうみが ありますか。
じ分や 家族の しごとについて 聞いたり 話したり
できるようになりましょう。

会 社 働 作 工 場 始 終

4章－3　しごと

◆ 漢字を　読みましょう。

① 休みの日に　友だちと　会って　映画に　行きました。

② アイドルの　ファンクラブに　入会しました。

③ 日本人の　友だちが　できて　会話が　上手になりました。

④ 私の　父は　ぼうえき会社の　社長です。

⑤ 大学を　そつぎょうして　社会人になりました。

◆ 漢字を　書きましょう。

① 友だちにあう　　　　う　　② にゅうかい

③ かいわ　　　　　　　　　　④ スポーツたいかい

⑤ かいしゃ　　　　　　　　　⑥ にゅうしゃしき　　しき

⑦ ほんしゃ　　　　　　　　　⑧ じんじゃ　　じん

◆ 漢字を 読みましょう。

① 山田さんは 働きながら 大学に かよっています。

② ろう働時間は ほうりつで きまっています。

③ もらった いちごで ジャムを 作りました。

④ この小せつは ゆう名な 作家が 書きました。

⑤ てん気が わるくて 作物が 育ちません。

◆ 漢字を 書きましょう。

① はたらく　　　　く　　② ろうどう　　ろう

③ ケーキをつくる　　る　　④ さくしゃ　　　しゃ

⑤ めいさく　　　　　　　⑥ さっか

⑦ さぎょう　　ぎょう　　⑧ さくひん

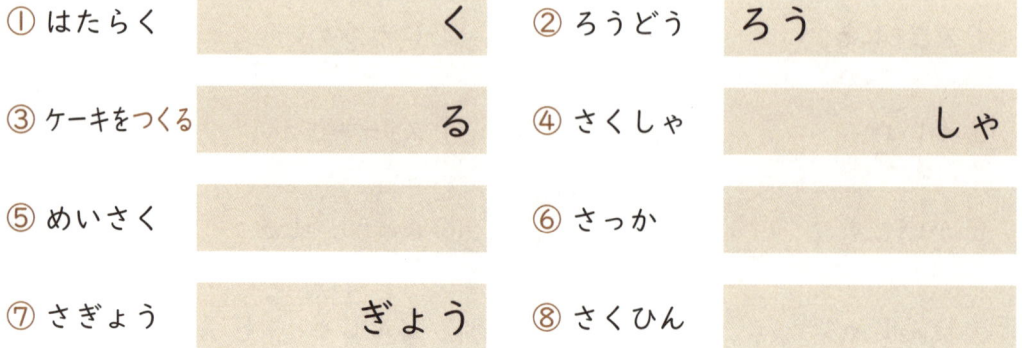

4章-3 しごと

工 コウ　3かく　*

場 ば／ジョウ　12かく

◆ 漢字を 読みましょう。

① 私の 弟は 工学部の 学生です。

② このスキー場は 人工の ゆきを 使っています。

③ 友だちと ビール工場へ 見学に 行きました。

④ 公の 場では マナーに 気をつけましょう。

⑤ このレストランの パスタは 本場イタリアと おなじ あじです。

◆ 漢字を 書きましょう。

① じんこうのいけ　　　　　　② こうがくぶ

③ こうじ　　　　　　じ　　　④ ひろば

⑤ こうじょう　　　　　　　　⑥ しゅつじょう

⑦ コンサートかいじょう

◆ 漢字を 読みましょう。

① じゅぎょうは 9時に 始まります。

② 先生に 年始の あいさつをしました。

③ 始ぎょうしきは 学校の 体育館で 行います。

④ しゅくだいが 終わってから ゲームをします。

⑤ 友だちと おさけを 飲んで 終電に のり遅れました。

◆ 漢字を 書きましょう。

① パーティーがはじまる　　まる　　② べんきょうをはじめる　　める

③ しぎょうしき　　ぎょうしき　　④ ねんし

⑤ しごとがおわる　　わる　　⑥ 食じをおえる　　える

⑦ しゅうりょう　　りょう　　⑧ しゅうじつ

4章－3　しごと

ふくしゅう

1. 漢字を　読みましょう。

① 年始に　家族で　ハワイへ　行く　よていです。　①
② 社長の　インタビューが　新聞に　出ました。　②
③ 国へ　帰って　むかしの　友だちと　会いました。　③　　いました
④ びょういんは　終日　きんえんです。　④
⑤ 好きな　ミステリー作家に　サインを　もらいました。　⑤
⑥ この店では　本場の　フランス料理が　食べられます。　⑥
⑦ うんどう会で　100メートルそうに　出場しました。　⑦
⑧ バーゲン会場に　たくさんの　人が　います。　⑧
⑨ ここで　とれる　おもな　作物は　米です。　⑨
⑩ 家の前の　道は　今　エじ中なので　とおれません。　⑩　　じ

2. 漢字を　書きましょう。

① 父は　車の　こうじょうで　働いています。　①
② 日本人の　友だちと　かいわを　れんしゅうします。　②
③ さぎょうちゅうは　この部屋に　入らないでください。　③　　ぎょう
④ まい日　9時から　6時まで　はたらいています。　④　　いて
⑤ えき前の　ひろばで　イベントを　行いました。　⑤
⑥ この小せつは　みんなが　しっている　めいさくです。　⑥
⑦ かぜで　かいしゃを　休みました。　⑦
⑧ 3年前に　日本語の　べんきょうを　はじめました。　⑧　　めました
⑨ しごとが　おわったら　カラオケへ　行きましょう。　⑨　　わったら
⑩ こい人の　たん生日に　ケーキを　つくりました。　⑩　　りました

95

4章 アチーブメントテスト

1. 漢字を 読みましょう。

① 夫は やさしくて おもしろい 人です。

② こわれやすいので 作品に さわらないでください。

③ つぎの 特急電車に のりましょう。

④ 今日の 夜 ようじが あることを 思い出しました。

⑤ せん門学校で 西洋料理を 学びました。

⑥ 友だちが あそびに 来るので 国の りょうりを 作りました。

⑦ くうこうで 有名人を 見ました。かっこよかったです。

⑧ 映画は 5時に 始まります。はやく 行きましょう。

⑨ しょう来は ともだちと ぼうえき会社を 作りたいです。

⑩ 1か月の 水道料金は だいたい三千円です。

2. 漢字を 書きましょう。

① まいとし

② しゅうきゅう

③ さっか

④ けいかく　けい

⑤ たいしかん

⑥ ふうふ　　　ふ

⑦ こうりつ

⑧ おわる　　　わる

⑨ ようちえん　ようち

⑩ こうじょう

4章　スケジュール

3. ぶんを 読んで 漢字を 読んだり 書いたりしましょう。

　私は 40さいの ①会社いんです。　家族は ②妻と むすこが います。そして 毛が 長くて 白い 犬を かっています。

　妻は ③はたらいていますが ④まいにち 私と むすこに おいしい ⑤りょうりを ⑥つくってくれます。むすこは 小学一年生で 学校から 帰ると いつも 犬と ⑦公園で あそんでいます。

　⑧せんしゅうの 土よう日は 私と 妻の けっこんきねん日でした。むすこと 犬を 私の 親に あずけて 妻と デートを しました。まず 私が 見たいと ⑨思っていた ⑩えいがを 見ました。大きい ⑪画めんで 見る アクションえいがは とても おもしろかったです。それから 妻の 好きな ⑫がかの ⑬かい画てんを 見に ⑭びじゅつかんへ 行きました。

　そのあと デパートへ 買い物に 行きました。むすこの 洋服を 見ましたが ⑮とくに 気に 入ったものが なかったので 買いませんでした。かわりに むすこの おみやげに 『⑯名作日本むかし話』を 買いました。

　夕はんは ビルの 50かいに ある ⑰ゆうめいな レストランで 食じを しました。ここは 私が 妻に プロポーズした場所です。この日は ⑱特べつコースを ちゅうもんしました。ひさしぶりに ⑲夫ふで 食じをしました。りょうりも おいしくて けしきも きれいでした。⑳おもいでに のこる1日でした。

① いん	②	③ いて	④
⑤	⑥ って	⑦	⑧
⑨ って	⑩	⑪ めん	⑫
⑬ かい　てん	⑭ びじゅつ	⑮ に	⑯
⑰ な	⑱ べつ	⑲ ふ	⑳ い

4章 クイズ

1. これは 何ですか。もんだいを 読んで こたえを 漢字で 書きましょう。

れい：ここは いろいろな のり物で あそぶことができます。 → れい：ゆう園地

① ビールを 作ったり 車を 作ったりします。

② ここで さんぽを したり スポーツを したりできます。

③ この人の しごとは えを かくことです。

④ 大きい がめんで 見ます。ラブストーリーやミステリー、アクションなどが あります。

⑤ 朝昼晩 作ります。フランス、イタリア、日本など いろいろあります。

⑥ この人は 物語の 中しんになる人です。

2. □に入る漢字を 下から えらんで 書きましょう。

店いん：はい、レストラン ジョルダーノです。

男の人：もしもし。せきの よやくを おねがいします。

店いん：かしこまりました。いつが いいですか。

男の人：11月5日 ①□よう日の ②□7時から おねがいします。

店いん：③□名□ですか。

男の人：二名です。この日は ④□と 私の けっこんきねん日なんです。おいわいを したいんですが コース⑤□理が ありますか。

店いん：はい。⑥□まつの ⑦□べつコースは いかがですか。

男の人：いいですね。そのコースで おねがいします。

店いん：かしこまりました。

| 何 | 料 | 様 | 週 | 土 | 特 | 夜 | 妻 |

4章　スケジュール

3. ①〜⑧の ことばの 読み方を 書きましょう。

magazine 12月号
（がつごう）

①特しゅう　今、ちゅうもくの ②会社　**ARC**
　　　　　　（いま）

デートや　けっこんきねん日の　思い出に
　　　　　　　　　　　（び）（おもて）
二人の　ミニえいがを　③作っています。
（ふたり）

1986年に　すず木④夫妻が　ドレスの　⑤工場を　スタート。
　　（ねん）　　（き）
2017年に　プロデュースの　会社を　⑥始めて
　　（ねん）　　　　　　　　（かいしゃ）
その後　⑦有名に　なった。
（ご）
今　⑧働いている　スタッフは　50人。
（いま）　　　　　　　　　　　　　（にん）

①	しゅう
②	
③	って
④	
⑤	
⑥	めて
⑦	に
⑧	いて

4. ①〜④の ぶんの中に まちがえている漢字が あります。まちがえている漢字に 〇を つけて（　）の中に ただしい 漢字を 書きましょう。

インタビュー　〜いつもの デート どうしていますか？〜

① ▶ドライブが 好きなので
周まつは かならず 車に
乗って 出かけます。
（26さい／女せい）

② ▶いっしょに 昼ごはんを 食べて
町を さんぽしたり 晩画を
見たりします。
（33さい／男せい）

③ ▶近所の 工園で よく イベントを
やっています。この間は
タイまつりでした。いろいろな
タイ料利を たのしみました。
（30さい／女せい）

④ ▶びじゅつ飲で 好きな えを
見たり カフェで お茶を
飲んだりします。
（23さい／女せい）

①（　　）②（　　）③（　　）（　　）④（　　）

1〜4章 まとめテスト

1. 漢字を 読みましょう。

① 来月　友だちが　けっこんするので　パーティーを　けい画しました。
　らいげつ　とも　　　　　　　　　　　　　　　　　　　けい

② きれいな　水玉もようの　シャツが　マリさんに　よく　あっています。
　　　　　　　　もよう

③ 6月の　はじめの　はれた　日に　衣がえを　します。
　がつ　　　　　　　　ひ　　がえ

④ 田中さんは　早口で　何を　言っているか　わかりません。
　たなか　　　　　　　なに　い

⑤ 休日は　よく　犬を　つれて　公園を　さんぽしています。
　きゅうじつ　　いぬ

⑥ 近所の　本屋で　女せいに　人気の　作家の　サイン会が　ありました。
　きんじょ　ほんや　じょ　にんき　　　　　　　かい

⑦ 住所が　かわったので　友だちに　メールで　れんらくしました。
　　　　　　　　　　　　とも

⑧ わたしは　ベランダで　いろいろな　やさいを　育てています。
　　　　　　　　　　　　　　　　　　　　　てて

⑨ 古い　洋服を　リサイクルショップで　売ったら　五千円になりました。
　ふる　　　　　　　　　　　　　　　　　う　　　ごせんえん

⑩ 終電に　のれなかったので　あるいて　家まで　帰りました。
　　　　　　　　　　　　　　　　　　　いえ　　かえ

2. 漢字を 書きましょう。

① しんせつ　　　　　　　　② おくじょう

③ にもつ　　　　　　　　　④ ごご

⑤ ゆうめい　　　　　　　　⑥ けいと

⑦ えいが　　　　　　　　　⑧ おきゃくさま

⑨ ぎんこう　　　　　　　　⑩ きょうだい

1〜4章　まとめテスト

3. ぶんを 読んで 漢字を 読んだり 書いたりしましょう。

①家族りょ行
こう

　少し　②まえに　③姉が　けっこんして　家を　出ました。姉とは　④まいにち
すこ　　　　　　　　　　　　　　　　　　　　　　いえ　で
メールや　チャットを　していますが、なかなか　⑤会うことができなくて　さびしいで
す。それで　⑥せんしゅう　姉⑦夫ふと　父母と　私で　家族りょ行を　しました。
　　　　　　　　　　　　　　　　ふぼ　　わたし　かぞく　こう
行き先は　私たち⑧姉妹が　大好きな　⑨きょうとを　えらびました。
い さき　わたし　　　　　だい す
　ホテルは　駅から　⑩ちかくて　⑪かん光に　⑫便利でした。私たちが　とまった
　　　　　　えき　　　　　　　　　　　　　　　　　　　　わたし
⑬へやは　⑭広くて　⑮しずかで　⑯りょうりも　とても　おいしかったです。
　つぎの日の　⑰あさ　ホテルの　⑱売店で　たくさん　おみやげを　買いました。
　　　　ひ　　　　　　　　　　　　　　　　　　　　　　　　　　　か
⑲みじかい　りょ行でしたが　いい　⑳思い出になりました。
　　　　　　　　こう

①	②	③	④
⑤　　　う	⑥	⑦　　　ふ	⑧
⑨	⑩　　　くて	⑪ かん	⑫
⑬	⑭　　　くて	⑮　　　か	⑯
⑰	⑱	⑲　　　い	⑳　　　い

5章 町 | 1 駅

Towns
城镇
Thành phố
Stations
车站
Ga tàu

通学や 通きんで 電車を 使っていますか。
駅や 電車の ことばが わかれば 今より もっと いろいろな 所に 行けるようになります。

駅 鉄 乗 降 開 閉 発 着

駅 エキ 14かく	駅　駅	1–3 丆　4–6 馬　7–10 馬　11–12 馬　13 駅　14 駅
鉄 テツ 13かく	鉄　鉄	1–4 今　5–7 全　8 金　9–10 金　11–12 鉄　13 鉄

◆ 漢字（かんじ）を　読（よ）みましょう。

① 私の　家は　駅から　あるいて　15分くらいの　所に　あります。
[　] [　] [　] [じゅうご] [　]

② 7時に　駅の　西口に　あるカフェで　会いましょう。
[しち] [　] [　] [いましょう]

③ 地下鉄の　駅の　ホームで　友だちに　会いました。
[　] [　] [　] [いました]

④ たくさんの　鉄道ファンが　新しい　駅を　見学に　来ました。
[　] [しい] [　] [　] [ました]

⑤ 毎朝　鉄分の　多い　食品を　食べるように　しています。
[　] [　] [い] [　] [べる]

◆ 漢字（かんじ）を　書（か）きましょう。

① えき	[　]	② えきいん	[　いん]
③ えきちょう	[　]	④ ふたつめのえき	[　つ　の　]
⑤ てつ	[　]	⑥ ちかてつ	[　]
⑦ てつどう	[　]	⑧ てつぶん	[　]

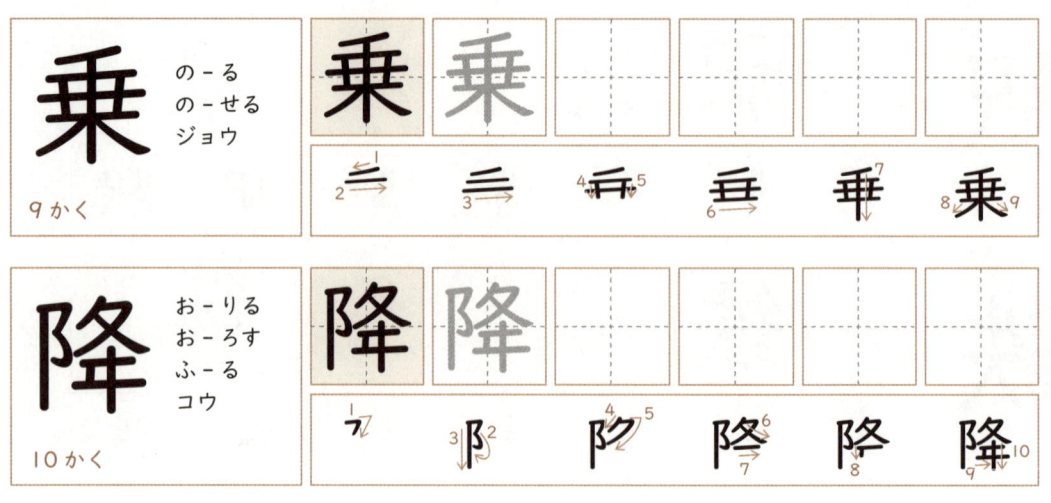

◆ 漢字を 読みましょう。

① ねぼうして いつも 乗る電車に 乗り遅れてしまいました。

② 車に 子どもを 乗せるときは チャイルドシートが いります。

③ 乗車されるお客様、足元に お気を つけください。

④ バスを 降りて 右へ まがると 駅が あります。

⑤ 6月は 雨が たくさん 降ります。

◆ 漢字を 書きましょう。

① タクシーにのる　　　　る　　② 荷物をのせる　　　　せる

③ タクシーのりば　　　　り　　④ じょうきゃく

⑤ 電車をおりる　　　　りる　　⑥ 荷物をおろす　　　　ろす

⑦ 雨がふる　　　　る　　　　⑧ こうすいりょう　　　　りょう

5章 − 1　駅

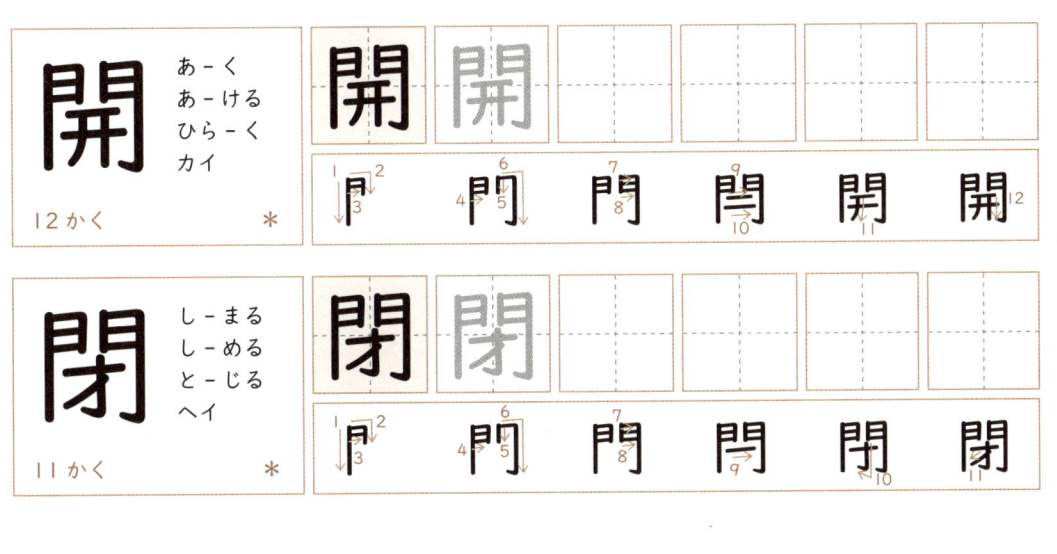

◆ 漢字を 読みましょう。

① 出入り口の マットの上に 乗ると ドアが 左右に 開きます。

② あついですね。 まどを 少し 開けてもいいですか。

③ さくらの 開花は だいたい 3月から 4月ぐらいです。

④ 雨が 降ってきたので そこの まどを 閉めてくれませんか。

⑤ ドアが 閉まります。 荷物や 体が はさまれないよう お気を つけください。

◆ 漢字を 書きましょう。

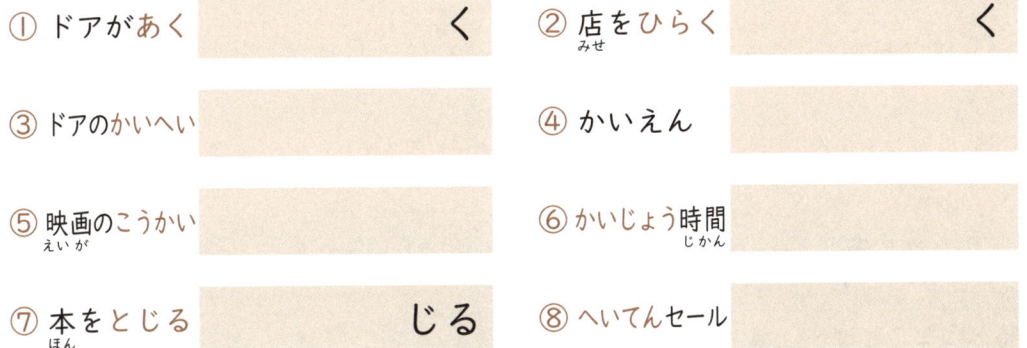

◆ 漢字を 読みましょう。

① 始発の 新かんせんに 乗って 京都へ 行きました。

② いなくなった 子ねこが 6日ぶりに 発見されました。

③ 出発の 2時間前に チェックインを すませてください。

④ 駅に 着いたら 電話してください。むかえに 行きます。

⑤ ゆきが 降って とう着が 3時間も 遅れました。

◆ 漢字を 書きましょう。

① はつめい　　　　　　② かいはつ

③ はつおん　　　　　　④ はっしゃ

⑤ シャツをきる　　る　⑥ きもの

⑦ ちゃくち　　　　　　⑧ いっちゃく

● 特べつなことば… 上着　下着

5章 - 1 駅

ふくしゅう

1. 漢字を 読みましょう。

① 明日 始発の 電車に 乗るので 今日は 早く ねます。　①
② 雨が 降ったら バーベキューは えんきです。　② ったら
③ 日本に いる間に 着物を 買いたいです。　③
④ 閉店セールの お店で たくさん 買い物を しました。　④
⑤ 駅に 着いたら 電話を ください。むかえに 行きます。　⑤ いたら
⑥ きょうか書の 53ページを 開いてください。　⑥ いて
⑦ すみません。タクシー乗り場は どこですか。　⑦ り
⑧ ちょっと さむいので まどを 閉めてくれませんか。　⑧ めて
⑨ デパートで 新しい 上着を 買いました。　⑨
⑩ 私は 毎日 地下鉄で 学校に 行きます。　⑩

2. 漢字を 書きましょう。

① あの 白い セーターを きている人は だれですか。　① て
② えきまえの カフェで 友だちと 会います。　②
③ 電車が とうちゃくします。後ろに 下がってください。　③ とう
④ テストを 始めます。本を とじてください。　④ じて
⑤ 3日間 まいごだった犬が 今日 はっけんされました。　⑤
⑥ あついですね。まどを 少し あけてもいいですか。　⑥ けて
⑦ バスを おりるときは ボタンを おしてください。　⑦ りる
⑧ じこが ありましたが じょうきゃくは みんな ぶじでした。　⑧
⑨ どう物園の かいえん時間は 10時です。　⑨
⑩ みなさん あつまりましたね。では、しゅっぱつしましょう。　⑩

5章 しょう	町 まち	2 交さてん

Towns
城镇
Thành phố
Intersections
十字路口
Ngã tư

町の中に ある交さてんは 車や 人、じてん車などが
たくさん 通ります。
交さてんでは しん号を よく 見て 安ぜんに わたりましょう。

交 通 台 止 色 赤 黄 青

5章-2 交さてん

交　まじ-わる／まじ-える／ま-じる／ま-ざる／ま-ぜる／コウ　6かく

通　とお-る／かよ-う／ツウ　10かく

◆ 漢字を 読みましょう。

① 社長の スピーチは ユーモアを 交えていて とても おもしろかったです。

② A4の 紙の中に 一まいだけ B5が 交ざっていました。

③ 竹中先生は 子どもたちに 交じって あそんでいます。

④ 毎日 30分 あるいて 学校に 通っています。

⑤ 私が 住んでいる町は 交通が とても 便利で 住みやすいです。

◆ 漢字を 書きましょう。

① 道がまじわる　　わる　　② トランプをまぜる　　ぜる

③ こうさてん　　さてん　　④ こうりゅう　　りゅう

⑤ 車がとおる　　る　　⑥ おおどおり　　り

⑦ つうきん・つうがく　　きん・　　⑧ いっぽうつうこう

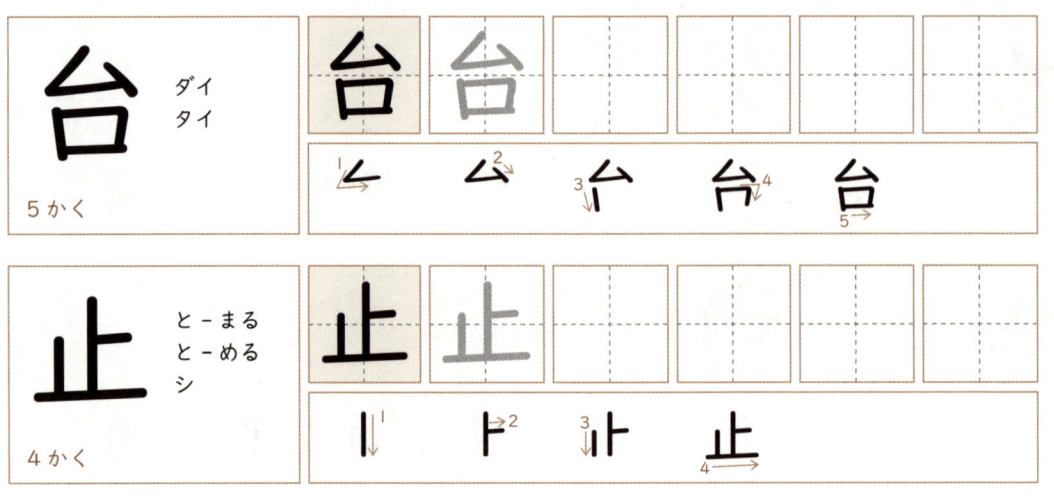

◆ 漢字を 読みましょう。

① 台所で 母が 朝食を 作っています。

② 妹は 足が 速く 100メートルを 12びょう台で はしりました。

③ 駅前に タクシーが 何台も 止まっています。

④ 地しんで 電気・水道・ガスの すべてが 止まってしまいました。

⑤ もし 雨が 降ったら 明日の キャンプは 中止です。

◆ 漢字を 書きましょう。

① バスがさんだい　　　　② だいどころ

③ トラックのにだい　　　④ たかだい

⑤ たいふう　　　　　　　⑥ 急にとまる

⑦ 車をとめる　　　　　　⑧ きんし

5章-2 交さてん

◆ 漢字を 読みましょう。

① かお色が あまり よくないですね。
② 私は 明るい 色の 洋服を よく 着ます。
③ 二十四色セットの えのぐを もらいました。
④ 赤い セーターを 着ているのは だれですか。
⑤ しん号が 赤のときは かならず 止まってください。

◆ 漢字を 書きましょう。

① なないろ
② いろがみ
③ とくしょく
④ あかい花
⑤ あかペン
⑥ あかしんごう
⑦ せきどう
⑧ せきはん

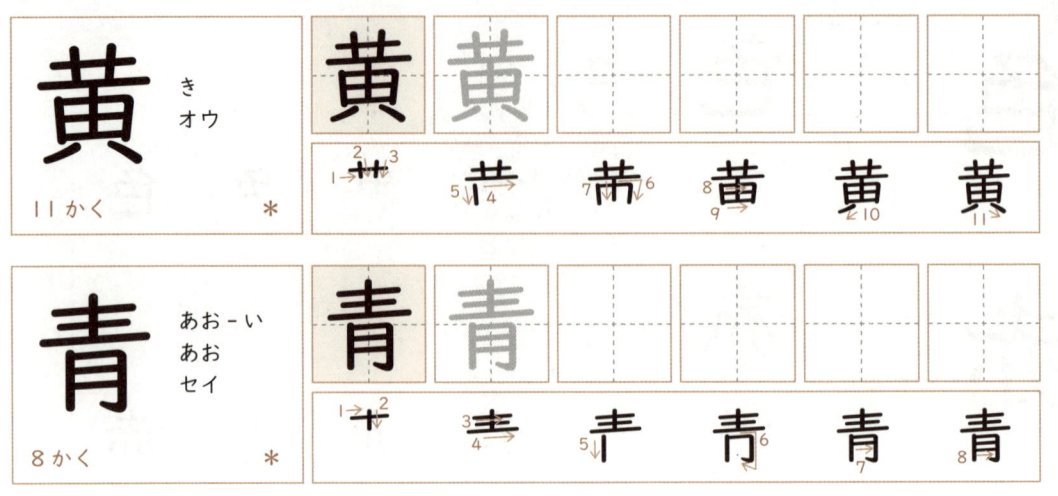

◆ 漢字を 読みましょう。

① 黄色の かさは 雨が 降っても 目立ちます。

② タンポポは 黄色くて かわいい 花です。

③ 青い そらに 白い くもが うかんでいます。

④ しん号が 青になったら わたりましょう。

⑤ 一人の 青年が 電車で お年よりに せきを ゆずりました。

◆ 漢字を 書きましょう。

① きいろ

② おうごん

③ らんおう　らん

④ あおうみ　い

⑤ あおしんごう　しん

⑥ あおぞら　ぞら

⑦ せいねん

⑧ せいしゅん　しゅん

5章－2 交さてん

ふくしゅう

1. 漢字を 読みましょう。

① この道は 一方通行です。　①
② 赤道に 近い くには あついです。　②
③ 先生は じょうだんを 交えた話が 上手です。　③　　えた
④ 台所で 食じの じゅんびを します。　④
⑤ サッカーの しあいは 雨天のため 中止になりました。　⑤
⑥ 三こ分の らん黄を ボールに 入れてください。　⑥ らん
⑦ この道は 車が たくさん 通るので 気をつけてください。　⑦　　る
⑧ かお色が あまり よくないですね。だいじょうぶですか。　⑧ かお
⑨ 交さてんでは 左右を よく 見て わたってください。　⑨　　さてん
⑩ 一人の 青年が 日本への りゅう学を きめました。　⑩

2. 漢字を 書きましょう。

① 私は 東京に ある大学に かよっています。　①　　って
② きいろい かさは 雨の日も はっきり わかります。　②　　い
③ 今年は 日本に 来るたいふうが 多いですね。　③　　ふう
④ し料の中に メモが まざっていましたよ。　④　　ざって
⑤ 今日は よく はれて そらが とても あおいです。　⑤　　い
⑥ 国が ちがうと こうつうルールも ちがいます。　⑥
⑦ 今 人気の ちゃいろい ブーツを 買おうと 思います。　⑦　　い
⑧ 家の 前に 見たことがない車が とまっています。　⑧　　まって
⑨ 毎日 つうがくの 電車で 本を 読みます。　⑨
⑩ おおどおりに 出たら 右に まがってください。　⑩　　り

113

5章 町 3 病院

Towns / 城镇 / Thành phố
Hospitals / 医院 / Bệnh viện

かぜの ときや けがを したとき 病院へ 行きます。
病院の ことばを おぼえたら 安心して 行けますね。

病院 医 科 薬 待 合 計

5章 – 3　病院

◆ 漢字を　読みましょう。

① 病気にならないように　いつも　食べ物に　気を　つけています。

② 近所の　病院へ　行ったら　しんさつ時間が　午前だけでした。

③ 1週間　入院しましたが　明日　たい院できることになりました。

④ 大学を　そつぎょうしたら　大学院に　行きたいと　思っています。

⑤ 姉は　毎月　びよう院に　行きます。

◆ 漢字を　書きましょう。

① びょうき　　　　　　　　② びょういん

③ にゅういん　　　　　　　④ たいいん　たい

⑤ いんちょう　　　　　　　⑥ つういん

⑦ だいがくいんせい　　　　⑧ じいん

115

◆ 漢字を 読みましょう。

① 子どものころから 医しゃになるのが ゆめでした。

② 兄は 今 医学部の 六年生です。

③ 田中医院の 院長は うでが よく 名医と 言われています。

④ 科学が 発てんして 私たちの 生かつが 便利になりました。

⑤ あなたが 行きたい大学の 学部と 学科名を おしえてください。

◆ 漢字を 書きましょう。

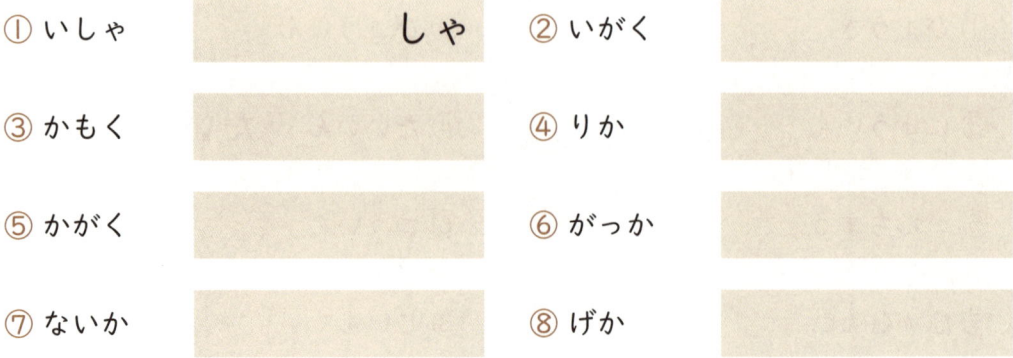

5章 − 3 病院

◆ 漢字を 読みましょう。

① 食後に この薬を 飲んでください。

② 朝から のどが いたかったので 急いで かぜ薬を 飲みました。

③ 1時間も 待っているのに かれが 来ません。

④ 人気の あるレストランに 入るのに 3時間も 待ちました。

⑤ 今日の テストは いい けっかが き待できます。

◆ 漢字を 書きましょう。

① くすりを飲む　　　　　　② かぜぐすり　かぜ

③ やっきょく　　きょく　　④ ずつうやく　ずつう

⑤ めぐすり　　　　　　　　⑥ バスをまつ　　　つ

⑦ まちじかん　　ち　　　　⑧ きたい　き

◆ 漢字を 読みましょう。

① 私と 上田さんは はじめて 会ったときから 気が 合いました。

② クラスみんなで 力を 合わせて がんばりましょう。

③ 明日は 10時に 駅の 東口に しゅう合してください。

④ テストは 30分間です。今から 時間を 計ります。では、始めてください。

⑤ 休みに 家族と りょ行に 行く計画を 立てます。

◆ 漢字を 書きましょう。

① がっしょう 　　しょう　　② こたえあわせ　こたえ　わせ

③ ごうかく 　　　かく　　　④ まちあいしつ　ち　いしつ

⑤ かいけい　　　　　　　　⑥ ごうけい

⑦ けいさん 　　　さん　　　⑧ とけい

5章－3 病院

ふくしゅう

1. 漢字を 読みましょう。

① 音がくに 合わせて 体を うごかします。　　①　　　　　わせて
② 私の 兄は 今 医学部の 四年生です。　　②
③ 友だちと りょ行の 計画を 立てました。　　③
④ 病気のとき 友だちが スープを 作ってくれました。　　④
⑤ 1週間に 6科目の じゅぎょうを とっています。　　⑤ ろっ
⑥ すみません。会計を おねがいします。　　⑥
⑦ のどが いたいので 薬きょくで のどあめを 買いました。　　⑦　　　　　きょく
⑧ 私は 大学院に 行こうと 思って 日本へ 来ました。　　⑧
⑨ 50メートルを 何秒で はしるか タイムを 計ります。　　⑨　　　　　ります
⑩ 今日の テストは いい けっかが き待できます。　　⑩ き

2. 漢字を 書きましょう。

① あたまが いたいので くすりを 買いに 行きました。　　①
② 山下さんと 広川さんは 気があう 友だちです。　　②　　　　　う
③ 子どものころから いしゃになるのが ゆめでした。　　③　　　　　しゃ
④ けがを したので げかに 行きました。　　④
⑤ ごうけいで 三万二千円です。　　⑤
⑥ 友だちの お見まいに びょういんへ 行きます。　　⑥
⑦ あのとけいは こわれています。　　⑦
⑧ 2時間 まちましたが れんらくが ないので 帰りました。　　⑧　　　　　ちました
⑨ どうして このがっかを えらびましたか。　　⑨
⑩ みなさん、しゅくだいの こたえあわせを しましょう。　　⑩ こたえ　　　わせ

5章 アチーブメントテスト

1. 漢字を 読みましょう。

① こちらは じ動ドアではありません。手で 開けてください。
　　　　　　　　　　　　　　　　　　　　　　　けて

② ぐあいが わるいですか。か お色が よくないですよ。
　　　　　　　　　　　　　かお

③ 駅いんに デパートに 近い 出口を 聞きました。
　　いん

④ 名前が よばれるまで こちらで しばらく お待ちください。
　　　　　　　　　　　　　　　　　　　　　　　　　ち

⑤ 3番せんの 電車に 乗ってください。
　　　　　　　　　　　　って

⑥ 台ふうが 近づいています。今日は 外に 出ないでください。
　　ふう

⑦ 私の プリントの中に あなたのが 交ざっていました。
　　　　　　　　　　　　　　　　　ざって

⑧ 電車を 降りるときは 足元に 気をつけてください。
　　　　　　りる

⑨ 入院している 友だちの お見まいに 行きます。

⑩ 外の 音が うるさいので まどを 閉めてもいいですか。
　　　　　　　　　　　　　　　　　めて

2. 漢字を 書きましょう。

① じょうしゃ ＿＿＿＿　　② ごうけい ＿＿＿＿

③ かいえん ＿＿＿＿　　　④ かぜぐすり かぜ＿＿＿

⑤ 学校につく ＿＿＿く　　⑥ けいかく ＿＿＿＿

⑦ こうりゅう ＿＿りゅう　⑧ かもく ＿＿＿＿

⑨ あかいはな ＿＿い　　　⑩ せいねん ＿＿＿＿

5章　町

3. ぶんを 読んで 漢字を 読んだり 書いたりしましょう。

　私が 住んでいる所は 新しい町です。前は 山や 森でしたが ①開発されて 町になりました。

　町の 人の ②こうつうの しゅだんは ③ちかてつです。ちかてつは 何本も ④通っています。町には ⑤えきが たくさん あります。どのえきにも 近くに タクシーや バスの ⑥乗り場が 作られているので とても 便利です。

　ちかてつの ⑦乗客は 通きん、⑧つうがくの 人が ほとんどです。家の 近くの えきは 急行も ⑨止まるし ⑩始発の 電車も あります。終てんの えきなので 電車が えきに ⑪着いて ドアが ⑫あくと 人が たくさん ⑬降りてきます。

　町の 中しんには ⑭大通りが あります。デパートや 銀行、⑮びょういんや コンビニなど 町の 人に ひつような ものが だいたい あります。大通りの 木は あきになると はっぱが 赤や ⑯きいろになって とても きれいです。⑰交さてんには 大きな ⑱とけいだいが あります。町の シンボルで よく ⑲まちあわせに 使われています。

　さい近 とけいだいの 近くに 新しい レストランが できました。いつも ⑳かいてんの 前から たくさんの 人が ならんでいます。今 町で 一番 人気の スポットです。

①	②	③	④ って
⑤	⑥　　り	⑦	⑧
⑨　　まる	⑩	⑪　　いて	⑫　　く
⑬　　りて	⑭　　り	⑮	⑯
⑰　　さてん	⑱	⑲　　ちわせ	⑳

5章 クイズ

1. 何色ですか。色の 漢字を 書きましょう。

（れい）はれたそら／うみ → 青

① りんご／ポスト／ワイン → ☐
② バナナ／ひまわり／レモン → ☐
③ くも／ゆき／しお → ☐
④ コーヒー／土／チョコレート → ☐
⑤ 森／日本茶／竹 → ☐
⑥ しまうま → ☐・☐
⑦ しんごう → ☐・☐・☐

2. あなたは 今 病院の うけつけで 話しています。漢字の 読み方を 書きましょう。

あのう、2〜3日前から おなかが いたいんです。

では、内科へ どうぞ。
① (　　　　)

すみません。はじめて こちらの 病院に 来たんですが…。
② (　　　　)

では、こちらの 待ち合いしつで 少し
③ (　　ち　　いしつ)
お待ちください。

本日の しんさつの 会計は 千五百円です。
④ (　　　　)

薬の うけとりは あちらの 薬きょくです。
⑤ (　　　　)　　⑥ (　　きょく)

はい、わかりました。

5章　町

3. 駅いんの アナウンスの ことばを 漢字で 書きましょう。

名古屋行きの 新かんせんが ホームに 入ります。
「お [①] ちの お客 [②] は ホームの [③] がわに お [④] がりください。」

2番せんを 急行電車が 通ります。
「今どの 2番せんの 電車は この [⑤] には [⑥] まりません。」

電車の ドアが 開きます。
「お [⑦] りになる お客 [⑧] は 足 [⑨] に お [⑩] を つけください。」

1番せんの 電車は もうすぐ 出発します。
「ドアが [⑪] まります。あぶないですから、かけこみ [⑫] 車は おやめください。」

| 閉 | 待 | 内 | 駅 | 様 | 止 | 乗 | 下 | 降 | 元 | 様 | 気 |

4. 町の あん内です。漢字を かんせいさせましょう。

～ 白山町の ごあん内 ～

東京 [①尺] から 乗りかえなしで たったの40分（[②急] 行）！！

[③録] が 多くて [④争] かです。[⑤イ] むのに とても いい [⑥斤] です。

1900年に 作られた [⑦日][⑧十][⑨ム] が 町の シンボルです。

町の 中しんにある 白山 [⑩八][⑪袁] は 町で 一 [⑫采] 古く、

1年中 いろいろな 花が 見られることで 有名です。

町から 車で 10分のところに 赤山が あります。

山の上から 見る町の けしきは とても すばらしいですよ。

ご [⑬豕][⑭矢] みなさんで ぜひ あそびに 来てください。お [⑮彳] ちしています！

6章 学生 | 1 研究

Students
学生
Sinh viên
Study
研究
Nghiên cứu

大学や 大学院では じ分の きょうみの あることについて
学んだり 研究したりできます。
語学や 文学、心理学、化学など いろいろ あります。

研 究 語 文 英 化 数 心

6章 − 1 研究

◆ 漢字を 読みましょう。

① 入社してから 社いん研しゅうを うけました。

② 大学院では 薬の 開発の 研究を したいです。

③ 大学院の 研究科の せつ明会に さんかしました。

④ 兄は 毎晩 遅くまで 研究しつで じっけんしています。

⑤ なつ休みの じゆう研究で 川に すむ生き物を しらべました。

◆ 漢字を 書きましょう。

① けんしゅう

② けんきゅう

③ けんきゅうしゃ

④ けんきゅうかい

⑤ けんきゅうじょ

⑥ けんきゅうはっぴょう

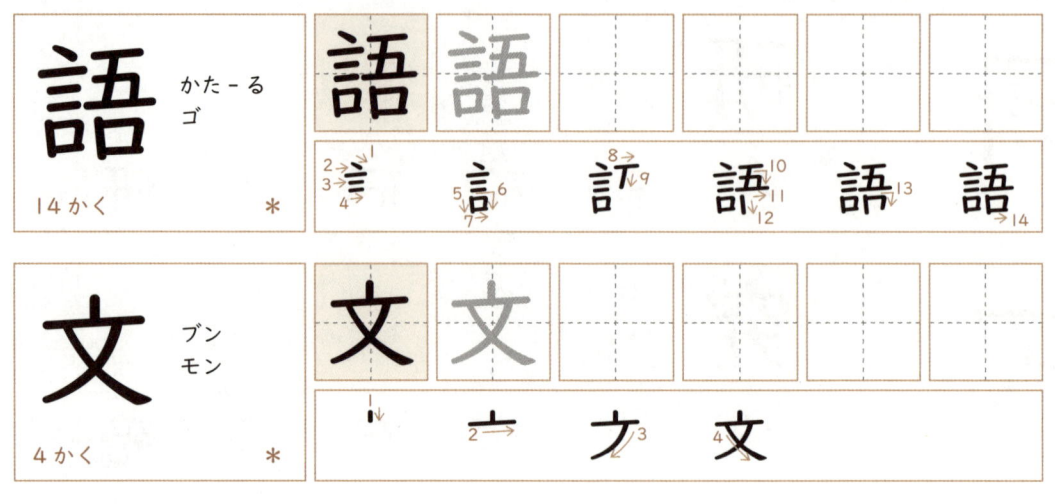

◆ 漢字を 読みましょう。

① ケンさんが サッカーの おもしろさを 語ってくれました。

② 半年前から 日本語の べんきょうを 始めました。

③ 大学の 文学部に 入りたいです。

④ 「しょう来」を テーマに 作文を 書きました。

⑤ すみません。ちゅう文してもいいですか。

◆ 漢字を 書きましょう。

① ゆめをかたる　　　る　　　② ごがく

③ にほんご　　　　　　　　　④ イタリアご　イタリア

⑤ たんご　たん　　　　　　　⑥ ぶんしょう　　しょう

⑦ ぼご　　　　　　　　　　　⑧ ちゅうもん　ちゅう

●特べつなことば… 物語　文字

6章-1　研究

◆ 漢字を 読みましょう。

① カンさんは 母語の ほかに 英語と フランス語が 話せます。

② 英国とは イギリスのことです。

③ 理科の中でも 特に 化学が 好きです。

④ 私は 日本の 文化に きょうみが あります。

⑤ デパートの 化しょう品売り場で 口べにを 買いました。

◆ 漢字を 書きましょう。

① えいご　　　　　　　② えいゆう　　　　ゆう

③ ぶんか　　　　　　　④ かがく

⑤ かせき　　　　　　　⑥ へんか　　　へん

⑦ けしょう　　　　しょう　⑧ けしょうひん　　しょう

◆ 漢字を 読みましょう。

① バスに 乗っている 学生の 人数を 数えます。

② 学生のときから 数学が にが手でした。

③ 母から 心の こもったプレゼントを もらいました。

④ 私は 元気なので 心ぱいしないでください。

⑤ 心理学に きょうみが あります。

◆ 漢字を 書きましょう。

① かず

② かぞえる　　　　　　　える

③ すうがく

④ すうじ

⑤ すうにん

⑥ こころ

⑦ あんしん

⑧ ちゅうしん

6章 - 1 研究

ふくしゅう

1. 漢字を 読みましょう。

① 元気な 声を 聞いて 安心しました。　　　　①
② ノートに たん語を 書いて おぼえます。　　　②　たん
③ アルバイトで 研しゅうを うけました。　　　　③　　　しゅう
④ 高校時代 化学が にが手でした。　　　　　　④
⑤ 「家族」を テーマに 作文を 書きました。　　⑤
⑥ 山田くんが みんなに じ分の ゆめを 語っています。　⑥　　　って
⑦ ここに あるボールの 数を かぞえてください。　⑦
⑧ 私の かの女は 化しょうに 30分も かかります。　⑧　　　しょう
⑨ なやみごとを そうだんして 心が すっきりしました。　⑨
⑩ なつ休みの しゅくだいで じゆう研究を やりました。　⑩　じゆう

2. 漢字を 書きましょう。

① 林さんは すうがくが 一番 とくいです。　　　①
② にほんごの べんきょうは むずかしいです。　　②
③ テストまで あと 何日か かぞえます。　　　　③　　　えます
④ 東京は 日本の せいじの ちゅうしんです。　　④
⑤ 私の 高校は ぶんけいと 理けいに 分かれています。　⑤　　　けい
⑥ 私の 兄は けんきゅうじょに つとめています。　⑥
⑦ 日本の ぶんかを 学びに 来ました。　　　　⑦
⑧ レストランで カレーライスを ちゅうもんしました。　⑧　ちゅう
⑨ すみません。私は えいごが ぜんぜん わかりません。　⑨
⑩ 大学で しんりがくの じっけんを しました。　⑩

6章 学生 2 コミュニケーション

Students
学生
Sinh viên
Communication
交流
Giao tiếp

学生は 学校や サークル、合コン（合同コンパ）など、いろいろな コミュニケーションの チャンスが あります。グループで 集まって お酒を 飲んだり、カラオケで 歌ったりします。友だちが ふえて 楽しいです。

若 集 知 酒 歌 声 楽

◆ 漢字を 読みましょう。

① 上田さんは わたしより 三つ 若いです。

② 電車で 若ものが お年よりに せきを ゆずりました。

③ ゼミの メンバーで 集まって 勉強会を しました。

④ 私は Tシャツを 集めるのが しゅみです。

⑤ 明日は 朝8時に 集合してください。

◆ 漢字を 書きましょう。

① わかい

② わかもの

③ 人があつまる

④ 切手をあつめる

⑤ しゅうごう

⑥ しゅうちゅう

⑦ ぶんしゅう

⑧ ぼしゅう

◆ 漢字を 読みましょう。

① 私の 親友は 日本語の ことばを たくさん 知って います。

② 大学から 合かくの 通知が とどきました。

③ 大学の 飲み会で はじめて お酒を 飲みました。

④ うちの 近くの 酒屋で ビールを 1ダース 買います。

⑤ お酒の中で 日本酒が 一番 好きです。

◆ 漢字を 書きましょう。

① しりあう　　り　う　　② ちしき　　　しき

③ ちじん　　　　　　　　④ つうち

⑤ おさけ　　お　　　　　⑥ いざかや　い

⑦ にほんしゅ　　　　　　⑧ いんしゅうんてん　うんてん

6章-2 コミュニケーション

歌 うた-う / うた / カ 14かく

声 こえ / セイ 7かく　*

◆ 漢字を 読みましょう。

① ピアノに 合(わせて) 歌を 歌(います)。
② 友(だち)と カラオケに 行(って) たくさん 歌(いました)。
③ 子(ども)のとき 歌手になるのが ゆめでした。
④ となりの 部屋から たのしそうな わらい声が 聞(こえます)。
⑤ 木村(さん)は 声(りょう)が あって 歌が 上手です。

◆ 漢字を 書きましょう。

① うたをうたう　　を　　う　　② はなうた　　はな
③ かしゅ　　　　　　　　　　　④ こうか
⑤ 大きなこえ　　　　　　　　　⑥ はなしごえ　　　し
⑦ なきごえ　　なき　　　　　　⑧ おんせい

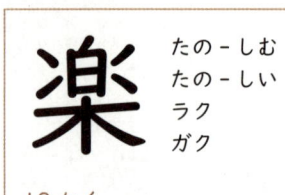

◆ 漢字を 読みましょう。

① 明日からの りょ行を 楽しんできてください。

② 合コンは 楽しいコミュニケーションの 方ほうです。

③ 今日の しごとは とても 楽でした。

④ 夜 ねる前に 音楽を 聞きます。

⑤ 今年から 何か 楽きを 始めたいと 思っています。

◆ 漢字を 書きましょう。

① たのしい 　　　　しい　　② らくなしごと 　　　　な

③ らくしょう 　　　　しょう　　④ がっき 　　　　き

⑤ おんがく

⑥ せいがく

⑦ ようがく

6章-2 コミュニケーション

ふくしゅう

1. 漢字を 読みましょう。

① 合コンで 田中さんと 知り合いました。　　　① り　　いました
② カラオケに 行って みんなで 歌いました。　　② 　　　いました
③ マイクの 音声を チェックします。　　　　　③
④ 大学から 合かくの 通知が とどきました。　　④
⑤ このい酒屋は 若ものに 人気が あります。　　⑤ 　　　もの
⑥ 飲酒うんてんは ぜったいに やめてください。　⑥ 　　　うんてん
⑦ 私の 夫は 音楽かんけいの しごとを しています。⑦
⑧ けんじさんは 声が とても 大きいです。　　　⑧
⑨ この歌手の CDは ぜんぶ 持っています。　　　⑨
⑩ 妹は いろいろな 人ぎょうを 集めています。　⑩ 　　　めて

2. 漢字を 書きましょう。

① 私は おさけが あまり 飲めません。　　　　　① お
② コンサート会場に だんだん 人が あつまってきました。② まって
③ こうかを 聞いて 母校を 思い出しました。　　③
④ カラオケで みんなで いっしょに うたいました。④ 　　　いました
⑤ 1時間 しゅうちゅうして べんきょうしました。⑤
⑥ 今日の サークルの パーティーは とても たのしかったです。⑥ しかった
⑦ 青山さんという人を しっていますか。　　　　⑦ 　　　って
⑧ 私のほうが かれより 3さい わかいです。　　⑧ 　　　い
⑨ となりの 部屋から わらいごえが 聞こえます。⑨ わらい
⑩ 前田くんは けいざい学の ちしきが あります。⑩ 　　　しき

135

3 ラーメン屋

ラーメン屋へ よく 行きますか。
ラーメン屋は 安くて りょうが 多いので 学生に 人気が あります。
めんは 細いのや 太いのが あります。
味も しおや しょう油、とんこつなど いろいろ あります。

味 油 太 細 皿 飯 麦

6章－3　ラーメン屋

◆ 漢字を 読みましょう。

① スープの 味が うすいですね。ちょう味料を 足しましょう。

② 料理を するときは かならず 味見を します。

③ ことばの い味を じ書で しらべます。

④ 新せんな 魚を ぜひ 味わってください。

⑤ あつくなった フライパンに 油を しきます。

◆ 漢字を 書きましょう。

① スープのあじ　　　　　　　　② あじみ

③ ちょうみりょう　ちょう　　　④ いみ　い

⑤ ごまあぶら　ごま　　　　　　⑥ せきゆストーブ

⑦ しょうゆ・ラーゆ　しょう　・ラー

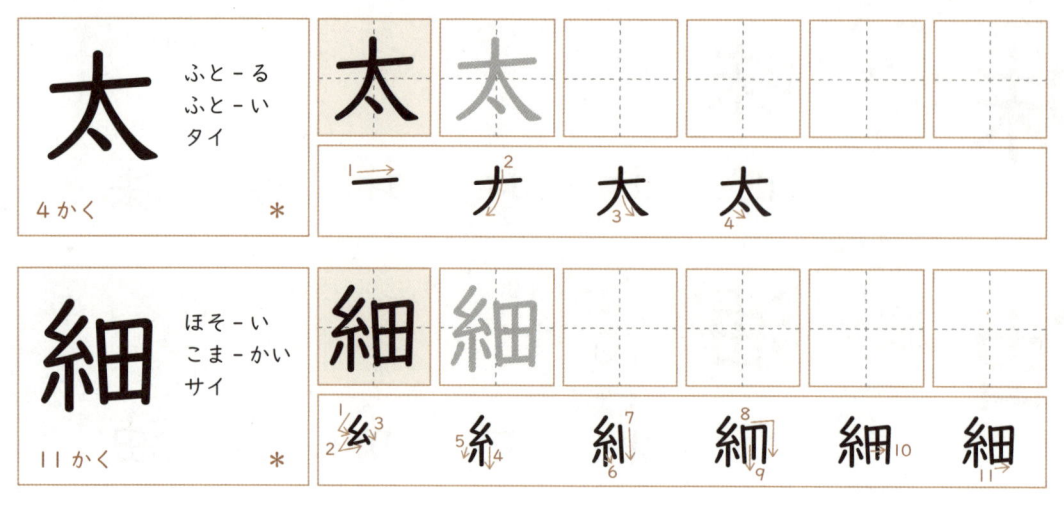

◆ 漢字を 読みましょう。

① ラーメンなら 私は 太い めんが 好きです。

② 食べすぎで 5キロも 太ってしまいました。

③ かの女は 足が 細くて 長いです。

④ 暗い 道を 一人で あるくと とても 心細いです。

⑤ やさいを 細かく きざんでください。

◆ 漢字を 書きましょう。

① ふといベルト ＿＿＿い　　② ふとる ＿＿＿る

③ たいよう ＿＿＿よう　　　④ たいへいよう ＿＿＿へい

⑤ ほそいうで ＿＿＿い　　　⑥ ほそながい部屋 ＿＿＿い

⑦ こまかいおかね ＿＿＿かい　⑧ きゅうよめいさい ＿＿＿

6章−3　ラーメン屋

◆ 漢字を 読みましょう。

① アルバイトで 皿あらいの しごとを しています。

② すみません。小皿を 二まい ください。

③ かれは 三どの 飯より 読書が 好きです。

④ 夕飯の ざい料を 買いに スーパーへ 行きます。

⑤ 新しい すい飯きで 米を たきます。

◆ 漢字を 書きましょう。

① さら

② こざら

③ とりざら　とり

④ はいざら　はい

⑤ めし

⑥ ゆうはん

⑦ すいはんき　すい　　　き

⑧ ひるごはん　　　ご

139

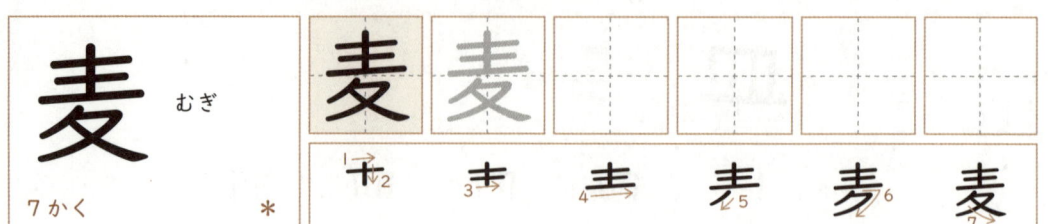

◆ 漢字を 読みましょう。

① ビールは 麦から 作られています。

② 小麦を 使っていない ケーキを 食べました。

③ つめたい 麦茶を 水とうに 入れて さんぽに 行きましょう。

④ 今日は とても あついので 麦わらぼうしを かぶって 出かけます。

◆ 漢字を 書きましょう。

① むぎ　　　　　　　② こむぎこ　　　　　　こ

③ おおむぎ　　　　　　④ むぎちゃ

⑤ むぎわらぼうし　　わらぼうし

6章 − 3　ラーメン屋

ふくしゅう

1. 漢字を 読みましょう。

① 小麦こで パンや うどんを 作ります。
② さい近 食べすぎて 少し 太ってきました。
③ 石油ストーブで 部屋を あたためます。
④ 友だちと 昼ご飯を 食べる やくそくを しました。
⑤ お気に入りの 皿を わってしまいました。
⑥ からくないか 味見を してください。
⑦ 店長に きゅうよ明細を もらいました。
⑧ まりさんは うでが 細いのに 力が あります。
⑨ しおラーメンに ごま油を 入れると おいしいです。
⑩ はじめての フランス料理を 味わいました。

① ＿＿＿こ
② ＿＿＿って
③ ＿＿＿
④ ＿＿＿ご
⑤ ＿＿＿
⑥ ＿＿＿
⑦ ＿＿＿
⑧ ＿＿＿い
⑨ ごま＿＿＿
⑩ ＿＿＿わいました

2. 漢字を 書きましょう。

① なつに なると むぎちゃを 飲みたく なります。
② この店の ラーメンは めんが ふといです。
③ ちょうみりょうは 何か ひつようですか。
④ 知らない 所へ 行くのは こころぼそいです。
⑤ ほりえさんは ヨットで たいへいようを わたりました。
⑥ ゆうはんの おかずを 買いに スーパーへ 行きます。
⑦ このラーメンは あじが うすくて おいしくないです。
⑧ とりざらに おかずを 分けます。
⑨ ぎょうざに ラーゆを つけて 食べます。
⑩ すみません。今 こまかい お金が ありません。

① ＿＿＿
② ＿＿＿い
③ ちょう＿＿＿
④ ＿＿＿い
⑤ ＿＿＿へい＿＿＿
⑥ ＿＿＿
⑦ ＿＿＿
⑧ とり＿＿＿
⑨ ラー＿＿＿
⑩ ＿＿＿かい

6章 アチーブメントテスト

1. 漢字を 読みましょう。

① アルバイト先で 1週間 研しゅうを うけました。
　　　　　　　しゅう

② 1日に 十こ たん語を おぼえます。
　　　　　　　　たん

③ おいしくなるように 心を こめて 毎日 食じを 作ります。

④ 高校時代は 化学が 一番 にが手でした。

⑤ この人の ことを 知っていますか。
　　　　　　　　　　って

⑥ もっと 大きい声で 話してください。

⑦ 今日は お客さんも 少なくて しごとが 楽でした。

⑧ じ書で しらべても い味が よく わかりません。
　　　　　　　　　　い

⑨ すい飯きで ごはんを たきます。
　すい　き

⑩ やさいを 細かく きざんだら なべに 入れてください。
　　　　　　かく

2. 漢字を 書きましょう。

① ゆめをかたる　　　　　る　　② ちゅうもん　　ちゅう

③ しゅうちゅう　　　　　　　　④ わかもの　　　　　もの

⑤ にほんしゅ　　　　　　　　　⑥ あじみ

⑦ せきゆ　　　　　　　　　　　⑧ はなしごえ　　　　し

⑨ おんがく　　　　　　　　　　⑩ さらあらい　　　　あらい

6章　学生

3. ぶんを 読んで 漢字を 読んだり 書いたりしましょう。

　私は 2年前に 日本へ 来ました。今 大学一年生です。大学では ①心理学を 勉強しています。大学の じゅぎょうは はじめは むずかしかったですが 今は なれました。むずかしいのは ②ごがくの じゅぎょうです。特に ③えいごが にが手ですが 一生けんめい がんばっています。好きなのは ④日本文化ろんの こうぎです。レポートで 二千字の ⑤文しょうを 書くのは たいへんでしたが 書いて じしんが つきました。大学の そつぎょう後は 大学院で ⑥けんきゅうを したいと 思っています。

　この間 はじめて 合コンに さんかしました。友だちから 「⑦にんずうが 少ないから 来てくれない?」と さそわれたのです。男の人と 女の人が おなじ⑧数に ならなければならないそうです。おもしろいと 思いました。い酒屋も はじめて 行きました。大学生など ⑨わかいひとが ⑩たのしそうに ⑪おさけを 飲みながら 話を していました。私たちは 7時に ⑫集まって 9時まで 飲みました。それから カラオケへ 行きました。日本の アニメソングを ⑬歌ったら みんなに いい⑭声だと ほめられました。

　さい近 ⑮しりあいに しょうかいしてもらって ラーメン屋で アルバイトも 始めました。⑯しょう油や みそ、とんこつなど いろいろな ⑰味が あることや ⑱ふといめん ⑲ほそいめんなど めんの しゅるいも たくさん あることを ⑳知りました。メニューを おぼえて しっかり ちゅう文が とれるように なりたいです。

①	②	③	④　　　　　ろん
⑤　　しょう	⑥	⑦	⑧
⑨　　い	⑩　　　しそうに	⑪ お	⑫　　　　まって
⑬　　　ったら	⑭	⑮　　　り　い	⑯ しょう
⑰	⑱　　　い	⑲　　　い	⑳　　　りました

6章 クイズ

1. ＿＿＿の ひらがなを 漢字に なおして（　　）に 書きましょう。

	9:00	12:00	15:00	18:00	21:00	24:00
11/10（月）	←①しんりがく→		←②えいごⅠ→			
11/11（火）		←③にほんぶんかろん→		←アルバイト→		
11/12（水）	←④にほんぶんがく→		←⑤にほんごⅡ→			
11/13（木）	←ゼミ：日本文化⑥けんきゅう→			←アルバイト→		
11/14（金）		←にほんごⅡ→				
11/15（土）		デート（よこはま）♡				

① （　　　　　　）　② （　　　　　　　　）　③ （　　　　　ろん　）
④ （　　　　　　）　⑤ （　　　　　　　　）　⑥ （　　　　　　　　）

2. ＿＿＿の ことばの 読み方を（　　）に 書きましょう。

パクさん

来週の　土よう日　サークルの　メンバーで　①集まって　パーティーするんだけど、
　　　　　　　　　　　　　　　　　　　　　（　　まって）

いっしょに　行かない？⤴⤴　いろんな人と　②知り合いになれるよ ^_^
　　　　　　　　　　　　　　　　　　　　（　　り　い）

なんと！　イケメン③歌手も　来るんだよ。この人　④声が　すごくいいんだ。
　　　　　　　　　　（　　　）　　　　　　　　（　　　）

二じ会は　みんなで　カラオケに　行くから　⑤楽しみに　していてね
　　　　　　　　　　　　　　　　　　　（　　しみに）

土よう日は　7時に　⑥名古屋駅の　時計広場に　⑦集合だよ。
　　　　　　　　　（　　　　　）　　　　　　（　　　　　）

じゃ　へんじを　待ってるね ♡♡　　　　　　　　　　めぐみ

3. メニューを 見ながら 下の 会話を 読んで 漢字を 書きましょう。

```
メニュー
しょうゆラーメン        550円
チャーシューめん       750円
ワンタンめん            650円
さらうどん              750円
※特もりラーメン       2500円

トッピング              50円
～あじつけたまご・コーン・もやし～

ラー油                    0円

※めんは「ふとめん・ほそめん」からえらべます。
※特もりラーメン　一人でぜんぶ食べたらむりょう！
```

```
チャーハン              450円
ご飯                    150円
ぎょうざ                 450円
お酒（なまビール・日本酒） 400円
ジュース                200円
※むぎちゃはセルフサービスでどうぞ

☆ぼう年会・飲み会　できます。
☆出前　できます。


ラーメン屋ふじ
〒〇〇〇△△△△
青森県ふじ市りんご町〇-△-×
電話：017-〇〇〇-△△△△
```

客：すみません。① [ちゅう　　] いいですか。

店員：はい。どうぞ。

客：あのう　特もりラーメンって　何ですか。

店員：五人前の　ラーメンです。ぜんぶ　食べた方は ② [む　] になりますよ。

客：五人前ですか！　それは　むりだなあ。
　　じゃ ③ [しょう　] ラーメンと ④ [　うどん] を一つずつ　ください。

店員：ラーメンの　めんは ⑤ [　めん] と ⑥ [　めん] どちらに　しますか。

客：ほそいほうで　おねがいします。あと ⑦ [　つけ] たまごも　一つ　つけてください。
　　それから ⑧ [　ビール] を　一つ　ください。

店員：ビールですね。⑨ [　　] は　セルフサービスなので　あちらから　おとりください。

客：すみません。⑩ [お　計] おねがいします。

店員：はい、ありがとうございます。合計で ⑪ [　　　　] 円　です。

7章 春夏秋冬 | 1 きせつ

Four Seasons
春夏秋冬
Xuân hạ thu đông
Seasons
季节
Mùa

日本には 春 夏 秋 冬の 四きが あります。あなたの 国では どうですか。
じ分の 国や 日本の きせつを せつ明したり しつもん したり できるようになりましょう。

春 夏 秋 冬 空 星 雲 去

7章 − 1 きせつ

◆ 漢字を 読みましょう。

① 今年の 春は いつもの 年より さむいです。

② 新春の およろこびを もうし上げます。

③ 高校の しゃしんを 見ると 青春時だいを 思い出します。

④ 毎年 夏になると うみに およぎに 行きます。

⑤ 今日は 気おんが 二十五ど い上の 夏日になります。

◆ 漢字を 書きましょう。

① はるやすみ　　　み　　② りっしゅん

③ しゅんぶんのひ　　　の　　④ せいしゅん

⑤ なつやすみ　　　み　　⑥ しょか　しょ

◆ 漢字を 読みましょう。

① 秋は いろいろな 食べ物が おいしい きせつです。

② 秋分の日に 父と おはかまいりに 行きました。

③ 冬休みは 12月23日から 始まります。

④ 今日は ま冬の さむさになるそうです。

⑤ 冬きオリンピックで 日本の せん手が 金メダルを とりました。

◆ 漢字を 書きましょう。

① あき

② しゅうぶんのひ　　の

③ りっしゅう

④ ふゆ

⑤ まふゆ　ま

⑥ しゅんかしゅうとう

7章 − 1　きせつ

◆ 漢字を　読みましょう。

① となりの　家は　半年前から　空き家です。

② 雨上がりの　空は　青くて　きれいです。

③ 私の　弟は　小学生のときから　空手を　ならっています。

④ ひ行きが　東京の　上空を　とんでいます。

⑤ 夜空に　星が　かがやいています。

◆ 漢字を　書きましょう。

① あきカン　　　　きカン

② 時間があく　　　く

③ せきをあける　　ける

④ からのはこ

⑤ くうき

⑥ くうこう　　　　こう

⑦ ほし

⑧ かせい

149

◆ 漢字を 読みましょう。

① 星が 雲に かくれて 見えません。

② 雨雲が 出てきたので もうすぐ 雨が 降るかもしれません。

③ 去年の 4月に 日本へ 来ました。

④ しゃしんを 見て か去を 思い出しました。

⑤ 大せつな データを まちがって しょう去して しまいました。

◆ 漢字を 書きましょう。

① くも

② せきらんうん　せきらん

③ 夏がさる　　　る

④ きょねん

⑤ かこ　か

⑥ しょうきょ　しょう

⑦ しきょ　し

ふくしゅう

7章 − 1　きせつ

1. 漢字を　読みましょう。

① 毎年　春に　さくらを　見るのが　楽しみです。　①
② 火星に　生物が　いる　という人も　います。　②
③ このアプリでは　雨雲の　うごきを　見ることができます。　③
④ 夏休みに　山へ　キャンプに　行くつもりです。　④　　　み
⑤ 去年に　くらべて　今年は　ゆきが　多いです。　⑤
⑥ 日本は　春夏秋冬が　はっきりしています。　⑥
⑦ 時間が　空いたら　れんらく　してください。　⑦　　　いたら
⑧ 山の上の　空気は　つめたくて　きれいです。　⑧
⑨ 秋は　スポーツを　するのに　いい　きせつです。　⑨
⑩ 西の　空に　日が　しずんでいます。　⑩

2. 漢字を　書きましょう。

① あきカンは　ごみばこに　すててください。　①　　　きカン
② 都会では　ほしは　なかなか　見られません。　②
③ せきらんうんが　出ていたので　しゃしんを　とりました。　③ せきらん
④ しゅんぶんのひに　おはかまいりに　行きました。　④　　　の
⑤ 秋が　さって　さむくなってきました。　⑤　　　って
⑥ ふゆやすみに　北海道へ　スキーに　行きます。　⑥　　　み
⑦ あきは　食べ物が　おいしい　きせつです。　⑦
⑧ 今年の　なつは　花火大会へ　行きたいです。　⑧
⑨ 夕べ　月が　くもに　かくれて　見えませんでした。　⑨
⑩ かこのことは　わすれて　これからを　考えましょう。　⑩ か

7章 春夏秋冬 2 天気

Four Seasons
春夏秋冬
Xuân hạ thu đông
Weather
天气
Thời tiết

天気を 言うときに 使うことばを おぼえましょう。
天気よほうが わかるようになります。

天 晴 雪 風 強 弱 暑 寒

7章 - 2 天気

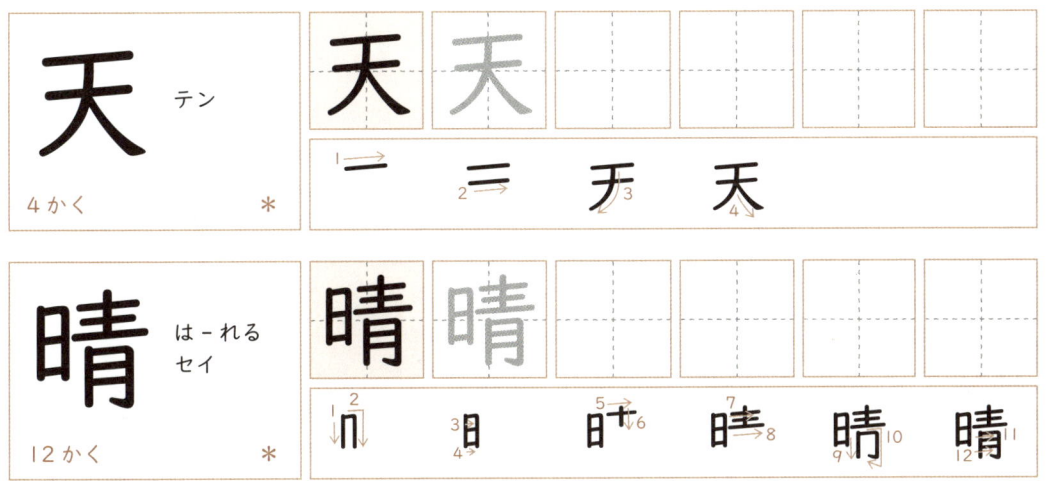

◆ 漢字を 読みましょう。

① 朝は いい 天気でしたが 午後になって 雨が 降ってきました。

② 天気よほうによると 今日は 晴れるそうです。

③ 雨天の場合 うんどう会は 中止します。

④ 子どもの ねがおは 天使の ようです。

⑤ 今日は 雲が 一つもないかい晴です。

◆ 漢字を 書きましょう。

① てんき　　　　　　　　② うてん

③ てんし　　　　　　　　④ てんごく

⑤ せいてん　　　　　　　⑥ 空がはれる　　　れる

⑦ かいせい　かい

◆ 漢字を 読みましょう。

① 寒いと 思って まどの 外を 見たら 雪が 降っていました。

② 新雪の ゲレンデで スキーを するのは 気もちが いいです。

③ 台風が 近づいて 雨と 風が つよくなってきました。

④ 風車を 使って 電気を 作ります。

⑤ 明じ時だいから 日本は 洋風の 生かつを するようになりました。

◆ 漢字を 書きましょう。

① ゆきぐに
② ゆきだるま　　だるま
③ おおゆき
④ しんせつのゲレンデ
⑤ ふうそく
⑥ たいふう
⑦ ふうしゃ
⑧ ようふう・わふう　　・わ

7章 - 2 天気

強 つよーまる／つよーめる／つよーい／キョウ　11かく ＊

弱 よわーる／よわーまる／よわーめる／よわーい／ジャク　10かく

◆ 漢字を 読みましょう。

① 夕方になって 風が 強まってきました。
② 川上さんは 力が 強いです。
③ やさいと 肉を 強火で いためます。
④ 病気を して そ父は 体が 弱ってしまいました。
⑤ 昨日からの 大雨も やっと 弱まってきました。

◆ 漢字を 書きましょう。

① 火をつよめる　　　める　　② きょうふう
③ 力をよわめる　　　める　　④ 体がよわい　　　い
⑤ じゃくしょうチーム　チーム　⑥ きょうじゃく

155

◆ 漢字を 読みましょう。
_{かんじ　　よ}

① 今日は 暑かったので たくさん あせを かきました。

② 田中さんは 夏に ひ暑地に あるべっそうへ 行くそうです。

③ 先生に 暑中見まいの はがきを 出しました。

④ 寒い 朝は おきるのが 大へんです。

⑤ 毎日 寒いので ぼう寒グッズを 買いに 行きました。

◆ 漢字を 書きましょう。
_{かんじ　　か}

① あつさ 　　　さ　　　　② もうしょび もう

③ ひしょ 　ひ　　　　　　④ しょちゅうみまい 　　まい

⑤ さむさ 　　　さ　　　　⑥ さむけ

⑦ ぼうかん 　ぼう

7章 − 2　天気

ふくしゅう

1. 漢字を　読みましょう。

① 子どものとき　体が　弱くて　よく　かぜを　ひきました。
② やさいを　いためるときは　火を　強めましょう。
③ 寒いので　コートを　着て　出かけました。
④ 台風が　近づいているので　外に　出ないでください。
⑤ 強風が　ふいて　かんばんが　おちました。
⑥ うんどうを　していないので　足が　弱ってきました。
⑦ 新雪の　ゲレンデを　すべるのは　気もちが　いいです。
⑧ 明日　晴れたら　友だちと　テニスを　します。
⑨ 雨天のため　やきゅうの　しあいは　中止です。
⑩ 今年は　もう暑日が　つづきました。

①　　　　くて
②　　　　めましょう
③　　　　い
④
⑤
⑥　　　　って
⑦
⑧　　　　れたら
⑨
⑩ もう

2. 漢字を　書きましょう。

① このビルは　じしんに　つよい　たて物です。
② ゆきを　集めて　ゆきだるまを　作りました。
③ きのうの　夜は　あつくて　ねむれませんでした。
④ てんきよほうによると　明日は　雨が　ふるそうです。
⑤ エアコンを　少し　よわめてください。
⑥ 部屋に　かぜを　入れるため　まどを　開けました。
⑦ 赤ちゃんの　ねがおは　てんしの　ようです。
⑧ おでんは　よわびで　にたほうが　おいしいです。
⑨ わ風と　ようふうと　どちらの　料理が　いいですか。
⑩ 冬山に　行くなら　しっかり　ぼうかんを　しましょう。

①　　　　い
②　　　　だるま
③　　　　くて
④　　　　よほう
⑤　　　　めて
⑥
⑦
⑧
⑨
⑩ ぼう

7章 春夏秋冬　3 旅行

Four Seasons
春夏秋冬
Xuân hạ thu đông
Travel
旅行
Du lịch

旅行が　好きですか。旅行に　行ったら　いろいろな
写真を　とりますね。世界を　旅して　とった写真は
いい　きねんになるでしょう。

旅　持　世界　写真　船

7章－3　旅行

◆ 漢字を　読みましょう。

① さい近　女せいの　一人旅が　ふえています。
　　さい　　　　　せい

② 旅行に　行くために　アルバイトを　しています。
　　　　　　　く

③ 山の中の　おんせん旅館に　とまりました。

④ 重そうですね。　荷物を　持ちましょうか。
　　　そう　　　　　　　　ちましょう

⑤ 旅行中　所持金を　すべて　おとしてしまいました。

◆ 漢字を　書きましょう。

① たび　　　　　　　　　② りょこう

③ りょかん　　　　　　　④ りょひ　　　　　ひ

⑤ 荷物をもつ　　　　つ　⑥ きもち　　　　　ち

⑦ もちもの　　　　　ち　⑧ じびょう

◆ 漢字を 読みましょう。

① インターネットで 何でもできる 世の中になりました。

② 木村さんは か長から 部長に 出世しました。

③ いつか 世界一しゅう旅行を してみたいです。

④ 毎日 しごとが 多すぎて もう げん界です。

⑤ そ母は 去年 八十三さいで た界しました。

◆ 漢字を 書きましょう。

① よのなか　　の

② ちゅうせい

③ せけん

④ しゅっせ

⑤ 21 せいき　21　　き

⑥ せかい

⑦ げんかい　げん

⑧ げいのうかい　げいのう

7章 - 3　旅行

写　うつ－る／うつ－す／シャ　5かく

真　ま／シン　10かく

◆ 漢字を　読みましょう。

① 一番　左に　写っている人は　私の　父です。
　　　　　　　　　　って

② け色が　きれいな　場所で　写真を　とりましょう。
　しき

③ この魚は　真空パックに　入っているので　長持ちします。
　　　　　　　　　　パック　　　って　　　　　　ち

④ うそを　つかないで　真じつを　話してください。
　　　　　　　　　　じつ　　　して

⑤ 私の　父は　三人兄弟の　真ん中です。
　　　　　　　　　　　　　　　ん

◆ 漢字を　書きましょう。

① うつる　　　　　　る　　② ノートをうつす　　　　す

③ しゃせい　　　　　　　　④ まなつ

⑤ まごころ　　　　　　　　⑥ しゃしん

⑦ しんくう　　　　　　　　⑧ しんじつ　　　　　じつ

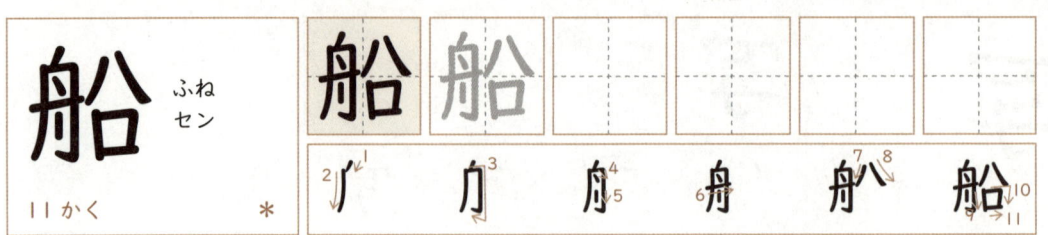

◆ 漢字を 読みましょう。

① 船で 北かい道へ 行きました。

② 船に 乗って 旅行しているとき 船長と 写真を とりました。

③ この 客船には プールや カジノも あるそうです。

◆ 漢字を 書きましょう。

① ふね

② きゃくせん

③ せんちょう

④ ふうせん

ふくしゅう

7章－3　旅行

1. 漢字を　読みましょう。

① 山田さんは　同きより　早く　出世しました。
② 私の　右に　写っている人が　母です。
③ 夏休みに　一人旅する　よていです。
④ 船で　こうべへ　行ったので　時間が　かかりました。
⑤ 妹は　歌手として　げいのう界で　かつやくしています。
⑥ ろてんぶろが　ある　おんせん旅館を　よやくしました。
⑦ 荷物が　重いので　持ってもらえませんか。
⑧ 今は　インターネットで　買い物が　できる世の中です。
⑨ 部屋の　真ん中に　テーブルを　おきました。
⑩ この客船には　プールや　カジノなどが　あります。

① 　　　　　　
② 　　　　って
③ 　　　　　　
④ 　　　　　　
⑤ げいのう　　
⑥ 　　　　　　
⑦ 　　　　って
⑧ 　　　　の　
⑨ 　　　　ん　
⑩ 　　　　　　

2. 漢字を　書きましょう。

① 友だちの　レポートを　うつしてはいけません。
② りょこうするために　スーツケースを　買いました。
③ 花の　しゃしんを　とるのが　好きです。
④ せかいへいわを　ねがうイベントが　行われました。
⑤ ホラー映画を　見て　きもちが　わるくなりました。
⑥ けいさつに　行って　しんじつを　話してください。
⑦ 体力の　げんかいに　ちょうせんしています。
⑧ キャンプの　前日に　もちものを　かくにんしました。
⑨ りょひを　ためるために　アルバイトを　しています。
⑩ ゆう園地で　ふうせんを　もらいました。

① 　　　　して
② 　　　　　　
③ 　　　　　　
④ 　　　　　　
⑤ 　　　　ち　
⑥ 　　　　じつ
⑦ げん　　　　
⑧ 　　　　ち　
⑨ 　　　　ひ　
⑩

7章 アチーブメントテスト

1. 漢字を 読みましょう。

① 明日 晴れたら おべん当を 持って ハイキングに 行きませんか。

② ペットの 写真を たくさん とって 友だちに 見せました。

③ 雪が つもったので 雪だるまを 作りました。

④ 夏休みは 海で およいだり 山で キャンプしたりします。

⑤ 旅行に 行く前に ガイドブックを 買いました。

⑥ 去年の 4月から 日本語の べん強を 始めました。

⑦ 船に のって みずうみを 一しゅうしました。

⑧ うでの 力が 弱いので この荷物は 持ち上げられません。

⑨ 時間が 空いたら 電話してください。

⑩ 暑い 日に 飲むビールは おいしいですね。

2. 漢字を 書きましょう。

① くも

② ほし

③ さむい　　　　　　　　　　い

④ きょうふう

⑤ おおゆき

⑥ きもち　　　　　　　　　　ち

⑦ てんき

⑧ せかい

⑨ たいふう

⑩ りっしゅう

3. 文を 読んで 漢字を 読んだり 書いたりしましょう。

日本の きせつ

①はるになって さくらが さくと 昼は おべん当を ②もった人が 夜は お酒を 飲みながら 花見を する人が ふえます。

③夏は 昼間は とても ④暑いです。夜に なると 少し すずしくなります。夏になると いろいろな 場所で 花火大会が あります。花火を 見る⑤船も 出ます。

⑥秋の はじめは よく ⑦たいふうが 来ます。たいふうが 近づくと 雨や ⑧風が ⑨つよくなって 出かけるのが きけんです。でも たいふうが ⑩去った後は ⑪くも 一つなく ⑫はれて きれいな ⑬空です。そして はっぱの 色が かわって こうようが きれいな きせつになります。

⑭冬は ⑮くうきが きれいです。夜は とても ⑯さむいですが ⑰星を 見るのに いいです。北へ 行くと たくさんの ⑱雪が 降ります。

日本は どの きせつでも 楽しめます。⑲しゃしんを とるところも たくさん あります。ぜひ ⑳りょこうしに 来てください。

①	②　　　　った	③	④　　　　い
⑤	⑥	⑦	⑧
⑨　　　　く	⑩　　　　った	⑪	⑫　　　　れて
⑬	⑭	⑮	⑯　　　　い
⑰	⑱	⑲	⑳

7章 クイズ

1. きせつの 漢字を 書きましょう。

 れい〔 冬 〕

 ①〔　　　〕

 ②〔　　　〕

 ③〔　　　〕

④〔　　　〕

 ⑤〔　　　〕

 ⑥〔　　　〕

 ⑦〔　　　〕

 ⑧〔　　　〕

7章　春夏秋冬

2. □の　漢字は　まちがいです。〔　〕に　ただしい　漢字を　書きましょう。

① 春 に　なると　さくらが　さきます。⇒〔　　〕
② 舩 に　乗って　北かい道へ　行きました。⇒〔　　〕
③ きれいな　けしきの　写真を　とりたいです。⇒〔　　〕
④ 今日は　風が　強くて　ぼうしが　とびました。⇒〔　　〕
⑤ 夏休みに　海へ　行くつもりです。⇒〔　　〕

3. ねこが　ふんでしまいました。漢字を　きれいに　書きなおしましょう。

①

②
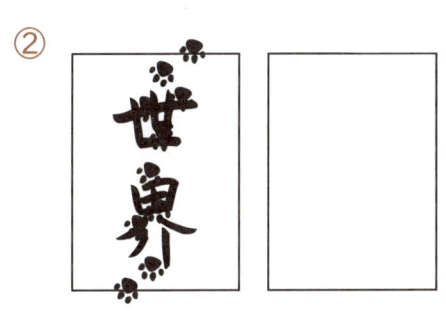

③

8章 学校 | 1 勉強

Schools
学校
Trường học
Study
学习
Học tập

漢字の 勉強は とても 大切です。
たくさん 漢字を おぼえれば 本や 新聞も 読めるように なります。
宿題を して わからないところは 先生に 質問しましょう。

勉 漢 宿 題 質 問 教 室

8章 − 1　勉強

勉 ベン　10かく	勉 勉

漢 カン　13かく	漢 漢

◆ 漢字を　読みましょう。

① 毎日　5時間　日本語を　勉強します。
　　　　　　　　　　　ご

② 森川さんは　勉強家で　何でも　おしえてくれます。
　　　　さん　　　　　　　　でも

③ 前田さんは　きん勉な　人です。
　　　　さん　きん　　な

④ 今年中に　漢字を　二千字　おぼえたいです。

⑤ 病気のとき　漢方薬を　飲むと　元気になります。
　　　　　　　　　　　　　　む　　　　に

◆ 漢字を　書きましょう。

① べんきょう　　　　　　　② べんきょうか

③ きんべん　きん　　　　　④ かんじ

⑤ かんすうじ　　　　　　　⑥ かんわじてん　わじてん

⑦ かんぽうやく

169

◆ 漢字を 読みましょう。

① 毎日 きちんと 宿題を すると 日本語が 上手になります。

② この宿は 家族づれに 人気が あります。

③ 部屋が 広い ホテルに 宿はく しました。

④ あなたが 一番 好きな 本の 題名を おしえてください。

⑤ 今 話題の 映画は 何ですか。

◆ 漢字を 書きましょう。

① やど

② しゅくだい

③ しゅくはく　　　　はく

④ がっしゅく

⑤ しんじゅくえき

⑥ だいめい

⑦ わだい

8章 − 1 勉強

◆ 漢字を 読みましょう。

① むずかしい 問題は 先生に 質問します。

② この店の 品物は どれも 質が 高いです。

③ つぎの 文を 読んで 後の 問いに こたえてください。

④ 会社を ほう問するときは 先に 電話を したほうがいいです。

⑤ わからないことが あったら 電話や メールで 問い合わせてください。

◆ 漢字を 書きましょう。

① しつもん　　　　　　② しつが 高い

③ といにこたえる　　　④ い見をとう

⑤ もんだい　　　　　　⑥ もんだいしゅう

⑦ しゃかいもんだい　　⑧ がくもん

教	おし-える / おそ-わる / キョウ
11かく	

室	シツ
9かく	*

◆ 漢字を 読みましょう。

① アルバイトで 日本人に 英語を 教えています。
　　　　　　　　　　　　　　　　　　　　えて

② 石川先生に 1年間 日本語を 教わりました。
　　　　　　　いち　　　　　　　　　　わりました

③ 大学院で 教育問題について 研究しようと 思っています。
　　　　　　　　　　　　　　　　　　　　　　って

④ 学校の 教室は 広くて とても きれいです。
　　　　　　　　　　　　くて

⑤ 外は とても 暑いですが 室内は すずしくて 気持ちが いいです。
　　　　　　　　　　い　　　　　　　　　　　　　　　　ち

◆ 漢字を 書きましょう。

① 英語をおしえる　　　える　　② 日本語をおそわる　　わる

③ きょういく　　　　　　　　　④ きょうしつ

⑤ きょうかしょ　　　　　　　　⑥ ぶっきょう　　ぶっ

⑦ きょうじゅ　　　じゅ　　　　⑧ けんきゅうしつ

8章 − 1 勉強

ふくしゅう

1. 漢字を 読みましょう。

① 室内は すずしくて 気持ちが いいです。　　①
② わからないところは 先生に 質問します。　　②
③ 1年間 おなじ 先生に 日本語を 教わりました。　　③　　　　わりました
④ この問いは どういう い味ですか。　　④　　　　い
⑤ 今日の 宿題は 少し むずかしいです。　　⑤
⑥ かぜを ひいたかもしれません。漢方薬を 飲みます。　　⑥
⑦ 田中さんは きん勉な 人です。　　⑦ きん　　　　な
⑧ 夏休みは ずっと 大学院の 研究室に いました。　　⑧
⑨ 新宿には 東京都ちょうが あります。　　⑨
⑩ 「5」は 漢数字で 「五」と 書きます。　　⑩

2. 漢字を 書きましょう。

① きのう 見た映画の だいめいを わすれてしまいました。　　①
② 明日は 二社 ほうもんするよていです。　　② ほう
③ 子どもには しつの 高い 教育を うけさせたいです。　　③
④ きょうしつで たばこを すってはいけません。　　④
⑤ 毎日 かんじを 五こずつ おぼえます。　　⑤
⑥ 日本語の べんきょうは とても 楽しいです。　　⑥
⑦ テストは よく もんだいを 読んでください。　　⑦
⑧ やどから きれいな 星が 見えました。　　⑧
⑨ 日本語の きょうかしょを 三さつ 買いました。　　⑨
⑩ アルバイトの 後はいに しごとを おしえました。　　⑩　　　　えました

173

8章 学校 2 テスト

Schools
学校
Trường học
Examination
測驗
Bài thi

じ分の 力を 試すために テストを します。
百てんが とれるように 勉強しましょう。

試 験 答 考 正 丸 不 同

8章 − 2 テスト

試 こころ-みる ため-す シ
13かく

験 ケン
18かく *

◆ 漢字を 読みましょう。

① しっぱいしても いいので いろいろ 試みる ことが 大切です。
　　　　　　　　　　　　　　　　　みる

② じつ力を 試す ために もぎ試験を うけました。
　　じつ　　　す　　　もぎ

③ 試食 した ステーキが とても おいしかったので 牛肉を 買いました。
　　　　　　　　　　　　　　　　　　　　　　　　　　　　　　いました

④ 先日 サッカーの 試合を 見に 行きました。
　　　　　　　　　　　　　　　　　　　きました

⑤ 学校の じゅぎょうで 書道を 体験しました。

◆ 漢字を 書きましょう。

① こころみる　　　みる　　② じつ力をためす　　す
　　　　　　　　　　　　　　りょく

③ しけん　　　　　　　　　④ ししょく

⑤ しちゃく　　　　　　　　⑥ しあい

⑦ じっけん　じっ　　　　　⑧ じゅけん　じゅ

◆ 漢字を 読みましょう。

① つぎの 問題に 答えてください。

② テストに 答えを 書くときは きれいに 書きましょう。

③ かい答ようしを くばります。

④ 問題が むずかしくて いくら 考えても わかりませんでした。

⑤ レポートを 書くとき 何を さん考にしますか。

◆ 漢字を 書きましょう。

① 問題にこたえる 　　　える　　② こたえ 　　　え

③ かいとう かい　　　　　　　　④ かんがえる 　　　える

⑤ かんがえかた 　　　え　　　　⑥ さんこうしりょう さん　　し

⑦ プラスしこう

8章 - 2 テスト

◆ 漢字を 読みましょう。

① 正しい 答えを えらんで 丸を 書いてください。

② 漢字の かたちは 正かくに おぼえましょう。

③ その 丸くて 赤い 食べ物は うめぼしです。

④ いらないメモは 丸めて ごみばこに すてました。

⑤ 私の 兄は ほう丸なげの せん手です。

◆ 漢字を 書きましょう。

① ただしい 　　　しい　　　② せいかくな 日本語　　　かくな

③ せいかい 　　　かい　　　④ しょうご

⑤ しょうがつ 　　　　　　　⑥ まるいかお 　　　い

⑦ まるをつける 　　　　　　⑧ まるめる 　　　める

177

◆ 漢字を 読みましょう。

① うちは 駅から 遠くて 不便です。

② 勉強する 時間が あまり なかったので 明日の テストが 不安です。

③ うんどう不足は 体に よくないです。
　　うんどう

④ 私と 田中さんは 同じ 町に 住んでいます。
　　　　　さん　　　　じ　　　　んで

⑤ 先週の マラソンで 小川さんと 私は 同時に ゴールしました。
　　　　　　　　　　　さん

◆ 漢字を 書きましょう。

① ふべん　　　　　　　　② ふあん

③ ふごうかく　　　　かく　④ ふしぎな 話　　　ぎな

⑤ おなじ　　　　　　じ　　⑥ どうきゅうせい　　きゅう

⑦ ごうどう　　　　　　　　⑧ どうじ

ふくしゅう

1. 漢字を 読みましょう。

① つぎの えを さん考にして こたえてください。　　① さん
② 友だちから 不思ぎな 話を 聞きました。　　② 　　ぎな
③ かい答よう紙は ぜんぶで 四まい あります。　　③ かい　　よう
④ 昼休みは 正午から １時間です。　　④
⑤ 問題が 終わったら じ分で 丸を つけましょう。　　⑤
⑥ いろいろ 試みましたが さいしょの 方ほうに しました。　　⑥ 　　みました
⑦ 石川さんと 同じ 中学校を そつぎょうしました。　　⑦ 　　じ
⑧ 正しい 日本語の 使い方を おぼえたいです。　　⑧ 　　しい
⑨ 学校は 駅から 遠くて 不便です。　　⑨
⑩ 体育の じゅぎょうで ほう丸なげを しました。　　⑩ ほう　　なげ

2. 漢字を 書きましょう。

① 来年の しょうがつは 国へ 帰るつもりです。　　①
② アルバイトの めんせつは ふごうかくでした。　　② 　　かく
③ こたえは きれいに 書いてください。　　③ 　　え
④ きまつしけんは ３日間です。　　④
⑤ せいかくに 発音することが 大切です。　　⑤ 　　かくに
⑥ 野口さんは プラスしこうで とても 明るいです。　　⑥
⑦ 私は 山田さんと どうきゅうせいです。　　⑦ 　　きゅう
⑧ このテストで じ分の じつ力を ためしてください。　　⑧ 　　して
⑨ よく かんがえて 大学を きめてください。　　⑨ 　　えて
⑩ 先生の 質問に はっきり こたえてください。　　⑩ 　　えて

8章 学校 3 図書館

Schools
学校
Trường học
Library
图书馆
Thư viện

図書館では 本を 借りたり 新聞や ざっしを 読んだり することができます。

子どもから お年よりまで たくさんの 人が 図書館を 利ようしています。

貸 借 返 冊 歴 史 図

8章 − 3　図書館

◆ 漢字を 読みましょう。

① クラスの 友だちに 本を 貸しました。

② 父母は ちん貸マンションに 住んでいます。

③ お金の 貸し借りは やめたほうがいいです。

④ 先生に フランス文学の 本を 借りました。

⑤ あの人は 借金が 100万円ぐらい あるそうです。

◆ 漢字を 書きましょう。

① かす

② かしだし

③ ちんたい

④ かしきり

⑤ しゃっきん

⑥ しゃくち

181

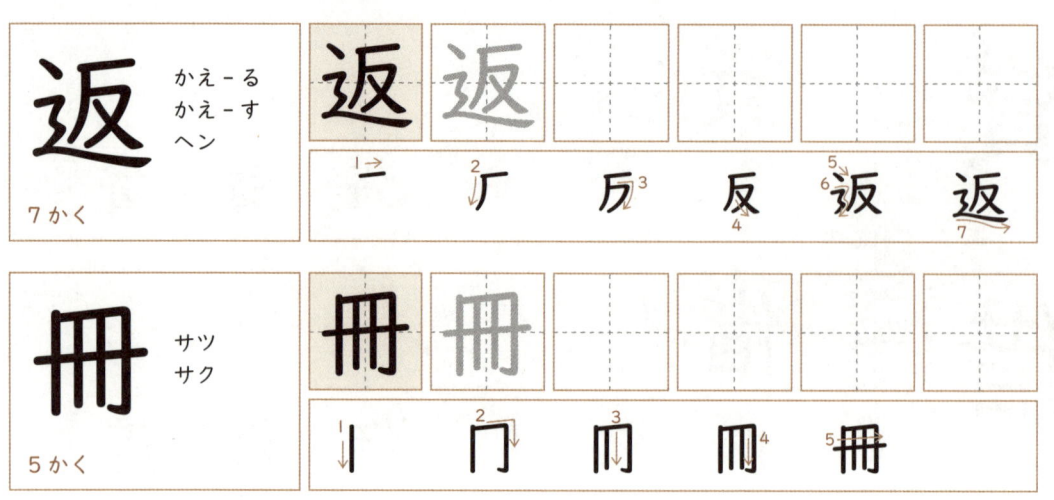

◆ 漢字を 読みましょう。

① だれかに 名前を よばれて 後ろを ふり返りました。

② 友だちに ノートを 返しました。

③ 大きい 声で 返じを してください。

④ 1か月に 本を 三冊 読みました。

⑤ 七夕の日に 短冊に どんな ねがいを 書きますか。

◆ 漢字を 書きましょう。

① かえす 　　　　す　　　② ふりかえる ふり　　　る

③ へんじ 　　　　じ　　　④ へんぴん

⑤ いっさつ 　　　　　　　⑥ さっし

⑦ べっさつ べっ

8章 − 3　図書館

歴　レキ　14かく

史　シ　5かく

◆ 漢字を　読みましょう。

① 日本の　歴史に　きょうみが　あります。

② 歴だいの　そう理大じんの　名前が　言えますか。

③ 学歴は　とても　大切なので　大学院を　しゅうりょうしたいです。

④ 高校で　世界史を　勉強しました。

⑤ 大学院で　アメリカ史について　研究しようと　思っています。

◆ 漢字を　書きましょう。

① れきし

② りれきしょ　　り

③ がくれき

④ にほんし

⑤ せかいし

⑥ とうようし

⑦ せいようし

⑧ しがく

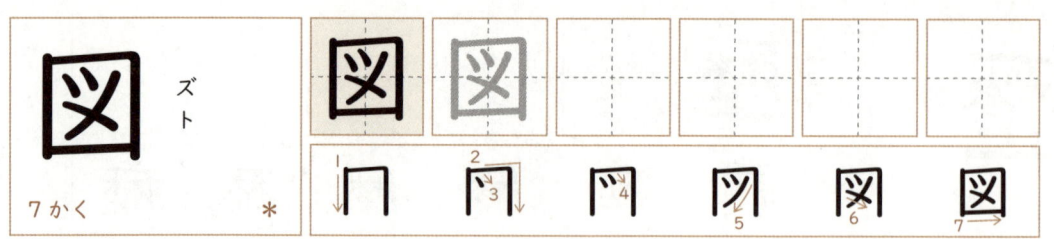

◆ 漢字を 読みましょう。

① ドライブの と中で 車を とめて 地図を 見ます。

② 図や グラフを 使って せつ明しました。

③ じゅぎょうが 終わったら かれと 図書館で べんきょうします。

◆ 漢字を 書きましょう。

① ず

② ちず

③ としょかん

④ しょくぶつずかん　しょく　　かん

⑤ どうぶつずかん　どう　　かん

ふくしゅう

1. 漢字を 読みましょう。

① 冊子の 5ページ目をごらんください。
② 借金は しないほうがいいです。
③ 私は 中国史について 勉強したいです。
④ 歴だいの 校長先生は 女せいです。
⑤ 後ろを ふり返りましたが、だれもいませんでした。
⑥ ちん貸 アパートの 2かいに 住んでいます。
⑦ 教室に 大きい せかい地図が はってあります。
⑧ メールの 返しんは すぐに したほうがいいです。
⑨ りれき書に 学歴を 書きます。
⑩ 友だちと お金の 貸し借りを してはいけません。

①
②
③
④　　　　　　　　だい
⑤ ふり　　　りました
⑥ ちん
⑦
⑧　　　　　　　　しん
⑨
⑩　　　　　し　　り

2. 漢字を 書きましょう。

① きのう 友だちに CDを かりました。
② 一年に なんさつぐらい 本を 読みますか。
③ しゃくちに 家を たてました。
④ せかいしの テストで 100点を とりました。
⑤ テスト前に としょかんで 勉強します。
⑥ はじめて 日本語で りれきしょを かきました。
⑦ 本の かしだしは 午後5時までです。
⑧ 日本の れきしを まんがで 読みました。
⑨ 友人に お金を かえしてもらいました。
⑩ インターネットで 買った くつを へんぴんしました。

①　　　　　　りました
②
③
④
⑤
⑥ り
⑦　　　　し　　し
⑧
⑨　　　　　　して
⑩

8章 アチーブメントテスト

1. 漢字を 読みましょう。

① 私と 田中さんは 同じ マンションに 住んでいます。

② よく 考えてから 行動しないと しっぱいしてしまいます。

③ その 丸くて 赤い 食べ物は 何ですか。

④ 漢方薬を 飲んだら ねつが 下がりました。

⑤ うちの 近くには コンビニが なくて 不便です。

⑥ 山川先生は 日本語を 教えるのが 上手です。

⑦ 宿の 部屋から ふじ山が 見えます。

⑧ 書道の 体験を しました。

⑨ さい近 しごとが いそがしくて うんどう不足です。

⑩ テストで じ分の 力を 試してください。

2. 漢字を 書きましょう。

① べんきょうか

② さんこう　　さん

③ どうじ

④ きょういく

⑤ がくもん

⑥ へんぴん

⑦ わだい

⑧ ちず

⑨ しつない

⑩ しょうがつ

8章　学校

3. 文を　読んで　漢字を　読んだり　書いたりしましょう。

　私は　日本語学校に　通っています。どのじゅぎょうも　おもしろいので　いつも　①きょうしつの　一番前に　すわって　②べんきょうしています。べんきょうは　楽しいですが　とても　大へんです。特に　③漢字が　④正しく　おぼえられません。⑤しゅくだいも　毎日　たくさん　あります。⑥考えても　⑦こたえが　わからない⑧問題が　あったら　つぎの　日に　早く　学校へ　行って　先生に　⑨しつもんします。先生は　ていねいに　⑩教えてくれます。もうすぐ　⑪しけんが　あります。合かく　できるかどうか　⑫不安ですが　がんばります。

　日本語の　べんきょうのために　⑬としょかんで　本を　⑭何冊も　⑮かりて　読んだり　日本の　映画の　DVDを　見たりしています。日本の　⑯れきしが　好きだと　話したら　先週　友だちが　「時代げき」の　DVDを　⑰貸してくれました。さむらいが　かっこよかったです。

　日本語が　上手になったら　大学に　入って　日本史を　べんきょうしたいと　思っています。私の　国では　⑱学歴が　とても　大切なので　大学を　そつぎょうしたら　大学院の　⑲研究室で　研究を　して　しょう来は　父と　⑳おなじ　会社で　働きたいと　考えています。

①	②	③	④　　　　しく
⑤	⑥　　　えて	⑦　　　え	⑧
⑨	⑩　　　えて	⑪	⑫
⑬	⑭	⑮　　　りて	⑯
⑰　　　して	⑱	⑲	⑳　　　じ

8章 クイズ

> 1. ①～⑩の 読み方を 書いてください。

アーク大学入学①試験　　　②かい答よう紙

③じゅ験番号（　　　）　名前＿＿＿＿＿＿＿

◆ ④正しい　⑤答えに　一つ　⑥丸を　つけてください。
◆ ⑦質問が　ある人は　手を　あげてください。

⑧問題Ⅰ）＿＿＿の読み方と　⑨同じ　⑩漢字を　えらんでください。

1）日本語がっこうに　かよっています。
　　a. わたしの　弟は　こうこう生です。
　　b. この本を　さんこうにしてください。
　　c. うちの　近くに　こうじょうが　あります。
　　d. こうちょう先生の　話を　聞きます。

①	② かい　　よう	③ じゅ	④ 　　　　しい
⑤ 　　　　え	⑥	⑦	⑧
⑨ 　　　　じ	⑩		

2. 新聞の ことばです。①～⑦の 漢字を 正しく 書いてください。

教室のまどガラスわられる
①②

漢字が書けない若もの ぞうか中
③

勉強しない子どもがふえている
④

同きゅう生とけっこん
⑤

学歴社会の世の中
⑥

新宿のちん代マンションで火じ
⑦

| ① | ② | ③ | ④ | ⑤ | ⑥ | ⑦ |

3. 学校の ルールです。まちがえている漢字が 一つずつ あります。正しい 漢字を 書いてください。

① 数室の 中は 日本語だけで 話しましょう。
② 宿題は 毎日 出しましょう。
③ 質問が あったら 先生に すぐ 聞きましょう。
④ 図書館で 借りられる本は 一人 5冊までです。
⑤ 試験中は 話さないでください。

| ① | ② | ③ | ④ | ⑤ |

9章 夏休み

1 運動

Summer Vacation
暑假
Nghỉ hè
Exercise
运动
Vận động

休みの日 みなさんは 何を しますか。
健康のために 歩いたり 走ったり… 運動すると いいですよ。

運動 練習 走 歩 泳 才

9章 − 1　運動

◆ 漢字を 読みましょう。

① この荷物を 教室まで 運んでもらえますか。
② 車の 運てんが できるようになりたいです。
③ 天気が いい 日に 運動するのは 気持ちが いいです。
④ 日よう日 子どもと 動物園へ 行くやくそくを しています。
⑤ 写真を とるので 動かないでください。

◆ 漢字を 書きましょう。

① はこぶ
② うんどう
③ うんてんしゅ
④ うんがいい
⑤ うごく
⑥ うごかす
⑦ どうぶつ
⑧ どうさ

◆ 漢字を 読みましょう。

① CDを 聞いて 発音の 練習を しています。

② ぼうさいの日に ひなんくん練を しました。

③ 一人ぐらしを 始める前に 母から 料理を 習いました。

④ 今日 勉強したところを よく ふく習しておいてください。

⑤ 日本の 習かんに もう なれましたか。

◆ 漢字を 書きましょう。

① れんしゅう　　　　　　② くんれん　くん

③ 計画をねる　　る　　　④ ならう　　う

⑤ がくしゅう　　　　　　⑥ しゅうじ

⑦ よしゅう　よ　　　　　⑧ しゅうかん　　かん

9章 - 1　運動

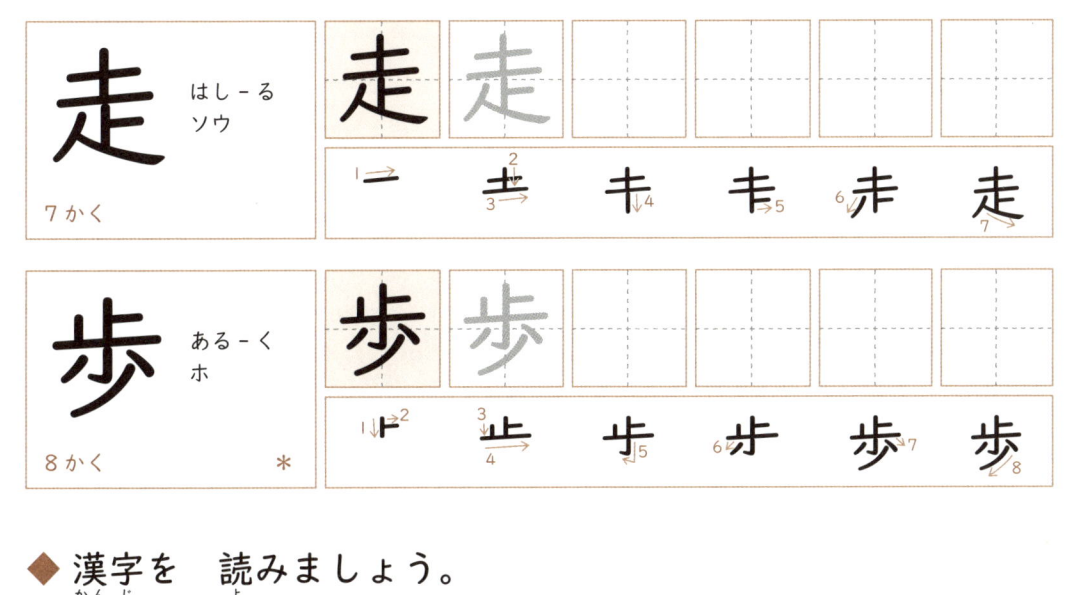

◆ 漢字を　読みましょう。

① 新かんせん「のぞみ」は　時速　何キロで　走りますか。
② 100メートルきょう走で　ゆうしょうしました。
③ けんこうのために　父に　万歩計を　プレゼントしました。
④ 歩行しゃは　歩道を　歩きましょう。
⑤ 父は　毎朝　公園を　さん歩します。

◆ 漢字を　書きましょう。

① はしる　　　　　る　　② きょうそう　きょう
③ そうしゃ　　　　しゃ　④ あるく　　　　　く
⑤ ほこうしゃてんごく　しゃ　⑥ ほどう
⑦ まんぽけい　　　　　　⑧ さんぽ　さん

◆ 漢字を 読みましょう。

① プールへ 泳ぎに 行きませんか。

② どちらかというと 泳ぐのは にが手です。

③ 学校の 水泳大会で ゆうしょうしました。

④ 才のうが ある人は 子どものころから 何か ちがいます。

⑤ ピカソは 天才だと 言われています。

◆ 漢字を 書きましょう。

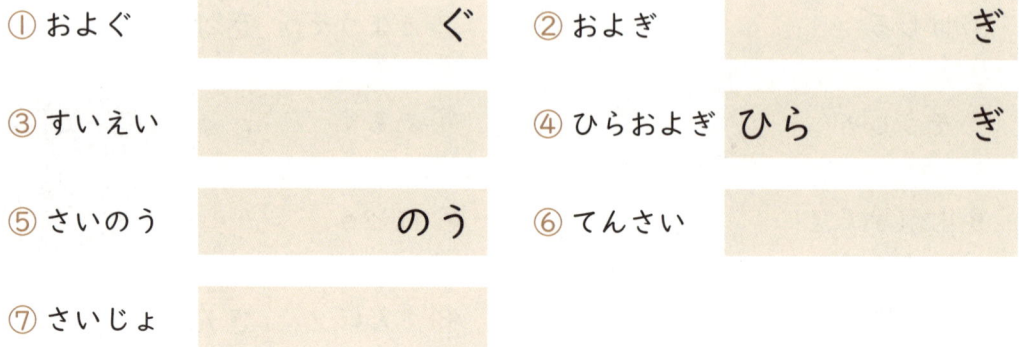

ふくしゅう

1. 漢字を 読みましょう。

① やっと 日本の 習かんに なれました。　　　　① かん
② この川で 泳いではいけません。　　　　　　　② いで
③ このエスカレーターは 人が 近づくと 動きます。　③ きます
④ 今年は 父の日に 万歩計を あげようと 思っています。　④
⑤ 小学生のとき 水泳教室に かよっていました。　⑤
⑥ どちらが 速いか 弟と 家まで きょう走しました。　⑥ きょう
⑦ 体を 動かすのは 気持ちが いいです。　　　　⑦ かす
⑧ 歩道に 自転車を 止めてはいけません。　　　　⑧
⑨ 週に 一ど 日本料理を 習っています。　　　　⑨ って
⑩ 荷物を 運ぶのを 手伝ってください。　　　　⑩ ぶ

2. 漢字を 書きましょう。

① 天気が いい日は できるだけ うんどうしています。　①
② あぶないですから ろう下を はしらないでください。　② らないで
③ 音楽を 聞きながら 公園を あるくのが 好きです。　③ く
④ あの若い ピアニストは さいのうが あります。　④ のう
⑤ きのう 子どもを どうぶつえんへ つれて行きました。　⑤
⑥ 毎日 学校で 発音の れんしゅうを しています。　⑥
⑦ 父は 子どもの ころから およぎが とくいです。　⑦ ぎ
⑧ そ父は 毎朝 犬を つれて さんぽに 行きます。　⑧ さん
⑨ あそこに 立っている 人が 社長の うんてんしゅです。　⑨ てん
⑩ 学校で ひなんくんれんを しました。　　　　⑩ ひなんくん

9章 夏休み 2 リゾート

Summer Vacation
暑假
Nghỉ hè
Resort Spots
度假村
Khu nghỉ dưỡng

自然が たくさん あるリゾートは どこも 人気が あります。
長い 休みが とれたら リゾートへ 行ってみましょう。
心も 体も リラックスできますよ。

自然 草原 湖 谷 海辺

9章－2　リゾート

◆ 漢字を　読みましょう。

① わからない　漢字は　自分で　しらべます。

② 年を　とったら　自然が　多い　いなかで　くらしたいです。

③ 自宅の　かぎを　おとしてしまいました。

④ 大学の　試験を　うけましたが　ぜん然　自しんが　ありません。

⑤ 地元の　会社が　作った「天然水サイダー」が　人気です。

◆ 漢字を　書きましょう。

① じぶん　　　　　　　　　② じたく

③ じしん　　　　　　しん　④ じどうしゃ

⑤ じしゅう　　　　　　　　⑥ じりき

⑦ てんねんきねんぶつ　きねん　⑧ とうぜん

◆ 漢字を 読みましょう。

① ぼく場の 牛が 草を 食べています。
　　ぼく　　　　　　　　　べて

② きれいな 草花で ネックレスを 作りました。
　　　　　　　　　　　　　　　　　りました

③ うまに 乗って 草原を 走るのが 好きです。
　　　　　って　　　　　　る　　き

④ 毎年 夏は 高原の リゾートで すごします。

⑤ 日本酒の 原料は 米です。

◆ 漢字を 書きましょう。

① くさ

② くさばな

③ そうげん

④ げんさく

⑤ げんいん　　　　　いん

⑥ げんりょう

⑦ こうげん

9章－2 リゾート

◆ 漢字を 読みましょう。

① 日本で 一番 大きい 湖は びわ湖です。

② ふじ山の すぐ 近くに 山中湖という 湖が あります。

③ 湖上の おしゃれな レストランで 食事を しました。

④ ふかい 谷を よこに 見ながら 山道を のぼりました。

⑤ バスから 見るけい谷の け色は すばらしかったです。

◆ 漢字を 書きましょう。

① みずうみ

② こすい

③ やまなかこ

④ たに

⑤ たにま

⑥ たにがわ

⑦ けいこく　けい

199

◆ 漢字を 読みましょう。
　かんじ　　よ

① 海と 山と どちらが 好きですか。

② 毎年 夏休みに 海外旅行を します。

③ ハネムーンに 行って ハワイの 海辺を 二人で 歩きました。

④ あの辺りは むかしから 古い 家が 多いです。

⑤ この辺で 一休みしましょう。

◆ 漢字を 書きましょう。
　かんじ　　か

① うみ　　　　　　　　　　② かいそう

③ にほんかい　　　　　　　④ うみべ

⑤ かわべ　　　　　　　　　⑥ あたり　　　　　　　　り

⑦ このへん　この　　　　　⑧ きんぺん

9章-2 リゾート

ふくしゅう

1. 漢字を 読みましょう。

① 今年は 海外より 国内旅行のほうが 人気が あります。　①
② この 辺りに ゆう便きょくが ありますか。　② 　り
③ 日本カモシカは 国の 天然きねん物です。　③ 　きねんぶつ
④ 草原に きれいな 花が さいていました。　④
⑤ 姉は 自分で 大学の じゅぎょう料を はらっています。　⑤
⑥ テストを うけましたが ぜん然 できませんでした。　⑥ ぜん
⑦ 湖上の 古い レストランで 食事を しました。　⑦
⑧ けんこうのために 毎日 海草を 食べています。　⑧
⑨ つかれましたね。この 辺で 一休み しませんか。　⑨
⑩ けい谷の すばらしい け色を 写真に とりました。　⑩ けい

2. 漢字を 書きましょう。

① ぼく場で 牛が くさを 食べています。　①
② しぜんの 中で キャンプを するのが 好きです。　②
③ こうげんの リゾートホテルに とまりました。　③
④ たにがわを ながれる水で かおを あらいました。　④
⑤ 東京駅の きんぺんに 新しい ビルが できました。　⑤
⑥ 駅から じたくまでの 地図を 書きました。　⑥
⑦ 日本酒の 主な げんりょうは 米です。　⑦
⑧ 朝早く 一人で うみべを さん歩しました。　⑧
⑨ てんねんすいで 作ったビールが 人気です。　⑨
⑩ 冬は 近くの みずうみで アイススケートが できます。　⑩

9章 夏休み 3 いなか

Summer Vacation
暑假
Nghỉ hè
Countryside
乡村
Nông thôn

日本では 長い 休みが とれる夏に ふる里で すごす
人も 多いです。
都会では 見られない自然が たくさん あります。

里 野 緑 池 鳥 羽 馬 鳴

9章-3 いなか

◆ 漢字を 読みましょう。

① 正月は ふる里に 帰って ゆっくりしたいです。

② さい近 大きな くまが 人里の 近くまで 下りてきました。

③ 「一里」は やく 4キロメートル です。

④ 子どもが 野原で あそんでいます。

⑤ 東京ドームに 野きゅうを 見に 行きました。

◆ 漢字を 書きましょう。

① さと

② ふるさと　ふる

③ ひとざと

④ さとがえり　　　り

⑤ いちり

⑥ のやま

⑦ やきゅう　　きゅう

⑧ やさい　　さい

203

◆ 漢字を 読みましょう。

① 緑色の クレヨンで 山を かきました。

② 5月は 緑が きれいな きせつです。

③ まんじゅうを 食べながら 緑茶を 飲みます。

④ にわの 池に きれいな 金魚が たくさん います。

⑤ じしんのとき 電池が なくて こまりました。

◆ 漢字を 書きましょう。

① みどり

② みどりいろ

③ りょくちゃ

④ しんりょく

⑤ いけ

⑥ でんち

⑦ こいけさん　　　さん

⑧ ちょすいち　ちょ

9章 − 3　いなか

◆ 漢字を　読みましょう。

① 公園で　めずらしい　鳥を　見つけました。

② 毎年　この湖には　たくさんの　白鳥が　来ます。

③ 学校で　小鳥を　かっています。

④ 羽を　広げたくじゃくは　とても　きれいです。

⑤ 羽田空こうは　都心から　近くて　便利です。

◆ 漢字を　書きましょう。

① とり

② ことり

③ はくちょう

④ はね

⑤ はねだくうこう

馬	うま バ	10かく ＊
鳴	な－く な－る な－らす メイ	14かく

◆ 漢字を　読みましょう。

① 北海道には　牛や　馬が　たくさんいます。

② となりの　部屋から　女の人の　ひ鳴が　聞こえました。

（　　　）（　　の　）（ひ　　）（　　こえました）

③ 毎朝　にわとりが　鳴く声が　聞こえます。

（　　　）（　　く）（　　）（　　こえます）

④ じゅぎょう中　けいたい電話が　鳴って　先生に　おこられました。

（じゅぎょう　　）（けいたい　　）（　　って）（　　　）

⑤ 大みそかに　近くの　寺へ　行って　じょやの かねを　鳴らしました。

（　みそか）（　く）（　　）（　って）（　らしました）

◆ 漢字を　書きましょう。

① うま

② たけうま

③ ばしゃ

④ じょうば

⑤ ひめい（ひ　　）

⑥ ねこがなく（　　く）

⑦ かねがなる（　　る）

⑧ ならす（　　らす）

9章 − 3　いなか

ふくしゅう

1. 漢字を　読みましょう。

① 家の外で　女の人の　ひ鳴が　聞こえました。　　① ひ
② 公園の　小さな　池に　こいが　たくさん　います。　　②
③ ３時の　休けいに　緑茶を　飲みました。　　③
④ 白鳥が　羽を　広げて　とび立ちました。　　④
⑤ 一年に　一ど　里帰りを　します。　　⑤　　　り
⑥ 野原に　白くて　きれいな　花が　さいていました。　　⑥
⑦ 友だちから　乗馬教室に　さそわれました。　　⑦
⑧ 私が　住んでいる町は　緑が　多いところです。　　⑧
⑨ 湖に　たくさんの　白鳥が　います。　　⑨
⑩ 野さいを　食べなさいと　母は　いつも　言います。　　⑩　　　さい

2. 漢字を　書きましょう。

① 目ざまし時計が　なっても　兄は　ぜん然　おきません。　　①　　　って
② うまに　乗って　海辺を　さん歩したいです。　　②
③ でんちが　切れたので　ラジオが　聞けません。　　③
④ ふるさとの　写真を　見たら　帰りたくなりました。　　④ ふる
⑤ このホテルの　にわは　しんりょくが　きれいです。　　⑤
⑥ いけで　あそぶのは　あぶないので　やめましょう。　　⑥
⑦ 秋は　のやまの　こうようが　見ごとです。　　⑦
⑧ きれいな　とりの　写真を　とりました。　　⑧
⑨ やきゅうと　サッカーと　どちらが　人気が　ありますか。　　⑨　　　きゅう
⑩ はねだくうこうは　私の家から　近いです。　　⑩　　　こう

9章 アチーブメントテスト

1. 漢字を 読みましょう。

① 日本料理を 習いに 料理教室に 通っています。

② 小学生のとき よく 友だちと 竹馬で あそびました。

③ 歩行しゃに 気をつけて 運てんしてください。

④ 姉は 自分で 働いて 大学の じゅぎょう料を はらいました。

⑤ けんこうのために 毎日 海草を 食べています。

⑥ 日本酒の 原料は 何ですか。

⑦ 池に 大きな 魚が たくさん いました。

⑧ 校内の マラソン大会で 15キロ 走りました。

⑨ 九しゅうを 旅行したとき 天然の おんせんに 入りました。

⑩ 大みそかに じょ夜の かねを 鳴らします。

2. 漢字を 書きましょう。

① みずうみ

② じょうば

③ こうげん

④ すいえい

⑤ うみべ

⑥ やきゅう

⑦ しゅうかん

⑧ とうぜん

⑨ てんさい

⑩ れんしゅう

9章　夏休み

3. 文を 読んで 漢字を 読んだり 書いたりしましょう。

夏休みの ドライブ

　8月の 夏休みに 山なし県の ①山中湖まで 友だちと ドライブしました。②じたくから 車で 3時間ぐらい かかりました。土日じゃなかったので 道は すいていましたが 高速どうろの 入口③あたりで 少し こみました。

　車で 山を のぼっている ときに ④けい谷が 見えました。その⑤たにを ⑥あるいている 人も いました。けしきが きれいだったので そこに 車を 止めて 写真を とりました。

　お昼ごろ 山中湖に 着きました。山中湖は 山や ⑦高原も 近くて ⑧しぜんが ゆたかです。

　ホテルに チェックインした 後で ⑨みずうみの よこの ⑩歩どうを ⑪さん歩しました。めずらしい ⑫くさばなが たくさん さいていて ⑬とりの ⑭鳴き声が 聞こえました。私は ⑮ふる里を 思い出して なつかしい 気持ちになりました。

　私たちが とまったホテルには 大きな 屋内プールが ありました。私は ⑯走ったり ⑰うんどうしたりするのは にが手ですが 小学生のとき ⑱すいえい 教室に 通っていたので 泳ぐのは 今でも とくいです。その日は ゆっくり プールで すごしました。

　つぎの日 チェックアウトを してから ⑲湖上の レストランで 食じを しました。帰り道に ぼく場にも よりました。牛や ⑳うまが たくさん いました。そこで 食べたソフトクリームが とても おいしかったです。また 山中湖に あそびに 来たいです。

①	②	③　　　り	④ けい
⑤	⑥　　　　いて	⑦	⑧
⑨	⑩　　　どう	⑪　さん	⑫
⑬	⑭　　き	⑮ ふる	⑯　　　った
⑰	⑱	⑲	⑳

9章 クイズ

1. えを 見て 漢字を 書きましょう。

私のふる ①

① ☐　② ☐☐ を子どもが ③ ☐ る　④ ☐ ぐ

⑤ ☐ が ⑥ ☐ く　⑦ ☐ が ⑧ ☐ く　⑨ ☐

9章　夏休み

2. 漢字を ⬭ の中から えらんで □ に 書きましょう。

早　毎　力　羽　予　東

(れい) 牛が [草] を 食べています。

① きのう 父と キャッチボールの [練]白 をしました。

② そこの 荷物を [動] かしてください。

③ 中学生のとき [野] きゅう部に 入っていました。

④ 1年に 一どは [海] 外旅行に 行きたいです。

3. 公園の ルールです。①－⑥の 漢字の 読み方を 書きましょう。

①運動公園 じむきょくから みなさまに おねがい

・ ②自然を 大切に！ キャンプは きん止です。
・ ③池の中に 入らないで ください。
・ ④歩道を ⑤自てん車で ⑥走るのは やめましょう。
　あぶないです。

〜〜 ごきょう力 よろしくおねがいします 〜〜

①	②	③	④	⑤　てん	⑥　る

5〜9章 まとめテスト

1. 漢字を 読みましょう。

① 先月 おきなわで スキューバダイビングを 体験しました。

② ホテルと 旅館は 何が ちがいますか。

③ 台風が 近づいているので 外に 出ないでください。

④ きのうの 夜から 寒気が します。

⑤ 待ち合わせの 時間に だいぶ 遅れてしまいました。

⑥ 新しい クラスで 使う 教科書を 買いに 行きました。

⑦ 私に 合う 漢方薬を 作ってもらいました。

⑧ 雨が 降ったら 明日の 試合は 中止です。

⑨ すみません。これ 試着してもいいですか。

⑩ 交通ルールを まもって 生かつしましょう。

2. 漢字を 書きましょう。

① うんどう　　　　　　② れきし

③ えいご　　　　　　　④ しつもん

⑤ しゅくだい　　　　　⑥ しけん

⑦ びょういん　　　　　⑧ こころぼそい　　　　い

⑨ けんきゅう　　　　　⑩ しぜん

5〜9章　まとめテスト

3. 文を　読んで　漢字を　読んだり　書いたりしましょう。

大学生かつ
（だいがくせい）

　①去年の　②はる　京都の　大学に　③合かくして　一人ぐらしを　始めました。はじめは　さびしかったですが　すぐに　友だちが　できました。私が　入った　④いがくぶには　⑤すうがくや　⑥化学が　とくいな　友だちが　多いので　ときどき　⑦きょうしつで　いっしょに　⑧勉強したり　わからない　⑨もんだいを　教えてもらったり　します。

　じゅぎょうが　終わると　よく　みんなで　カラオケに　行きます。私は　⑩おさけは　あまり　⑪強くないですが　ビールを　飲みながら　⑫大声で　⑬うたうのは　とても　⑭楽しいです。ときどき　ちがう　大学の　友だちも　よんで　合コンも　します。

　先週から　大学は　夏休みに　入りました。⑮おなじ　クラスの　友だちと　⑯自てん車で　日本ぜん国を　⑰旅を　する⑱けいかくを　立てました。いろいろな人と　⑲知り合いになる　チャンスなので　今から　楽しみです。旅行から　帰ったら　お気に入りの　⑳しゃしんを　SNSに　のせたいと　思います。

①	②	③　　　　かく	④
⑤	⑥	⑦	⑧
⑨	⑩　お	⑪　　　く	⑫
⑬　　　　う	⑭　　　しい	⑮　　　じ	⑯　　　てん
⑰	⑱	⑲　　り　い	⑳

そのほかの 読み方

章	ページ	かん字	読み
1	13	家	ケ
1	14	弟	デ
1	16	私	わたくし
1	16	育	はぐーむ
1	20	広	ひろーまる
1	20	広	ひろーめる
1	20	低	ひくーまる
1	20	低	ひくーめる
1	21	遠	オン
1	22	静	しず
1	22	静	しずーまる
1	22	静	しずーめる
1	22	静	ジョウ
1	26	玉	ギョク
1	27	糸	シ
2	36	親	したーしむ
2	36	切	きーれる
2	36	切	サイ
2	41	利	きーく
2	43	白	しら
2	43	白	ビャク
2	49	後	おくーれる
2	49	後	のち
2	50	早	はやーまる
2	50	早	はやーめる
2	50	早	サッ
3	57	荷	カ
3	59	速	すみーやか
3	59	速	はやーまる
3	59	速	はやーめる
3	59	遅	おくーらす
3	60	重	え

章	ページ	かん字	読み
3	60	重	チョウ
3	63	住	すーまう
3	64	主	ス
3	69	都	ツ
3	70	道	トウ
4	80	映	はーえる
4	81	館	やかた
4	82	園	その
4	88	有	あーる
4	88	有	ウ
4	91	会	エ
4	91	社	やしろ
4	93	工	ク
5	105	開	ひらーける
5	105	閉	とーざす
5	106	発	ホツ
5	106	着	きーせる
5	106	着	つーける
5	106	着	ジャク
5	109	交	かーう
5	109	交	かーわす
5	109	通	とおーす
5	109	通	ツ
5	111	色	シキ
5	111	赤	あかーらむ
5	111	赤	あかーらめる
5	111	赤	シャク
5	112	黄	こ
5	112	黄	コウ
5	112	青	ショウ
5	115	病	やまい
5	115	病	やーむ

そのほかの 読み方

章	ページ	かん字	読み
5	115	病	ヘイ
5	118	合	あーわす
5	118	合	カッ
5	118	計	はかーらう
6	125	研	とーぐ
6	125	究	きわーめる
6	126	語	かたーらう
6	126	文	ふみ
6	127	化	ばーかす
6	127	化	ばーける
6	128	数	ス
6	131	若	もーしくは
6	131	若	ジャク
6	131	若	ニャク
6	131	集	つどーう
6	133	声	こわ
6	133	声	ショウ
6	138	太	タ
6	138	細	こまーか
6	138	細	ほそーる
6	140	麦	バク
7	147	夏	ゲ
7	149	星	ショウ
7	153	天	あま
7	153	天	あめ
7	153	晴	はーらす
7	154	風	かざ
7	154	風	フ
7	155	強	しーいる
7	155	強	ゴ
7	162	船	ふな
8	170	宿	やどーす
8	170	宿	やどーる
8	171	質	シチ
8	171	質	チ
8	171	問	とん
8	172	室	むろ
8	175	験	ゲン
8	177	正	ただーす
8	177	正	まさ
8	178	不	ブ
8	184	図	はかーる
9	193	歩	フ
9	193	歩	ブ
9	193	歩	あゆーむ
9	197	自	みずかーら
9	204	緑	ロク
9	205	羽	は
9	205	羽	ウ
9	206	馬	ま

索引 さくいん

読み	かん字	ページ	章
あーう	会	91	4
あーう	合	118	5
あお	青	112	5
あおーい	青	112	5
あか	赤	111	5
あかーい	赤	111	5
あき	秋	148	7
あーく	開	105	5
あーく	空	149	7
あーける	開	105	5
あーける	空	149	7
あさ	朝	47	2
あじ	味	137	6
あじーわう	味	137	6
あたーり	辺	200	9
あーたる	当	37	2
あつーい	暑	156	7
あつーまる	集	131	6
あつーめる	集	131	6
あーてる	当	37	2
あと	後	49	2
あに	兄	104	1
あね	姉	105	1
あぶら	油	137	6
あるーく	歩	193	9
あーわせる	合	118	5
イ	衣	28	1
イ	医	116	5
いえ	家	13	1
イク	育	16	1
いけ	池	204	9
いそーぐ	急	58	3
いち	市	71	3
いと	糸	27	1
いもうと	妹	15	1
いろ	色	111	5
イン	院	115	5
うごーかす	動	191	9
うごーく	動	191	9
うしーろ	後	49	2
うた	歌	133	6
うたーう	歌	133	6
うつーす	映	80	4
うつーす	写	161	7
うつーる	映	80	4
うつーる	写	161	7
うま	馬	206	9
うみ	海	200	9
うーる	売	37	2
うーれる	売	37	2
ウン	雲	150	7
ウン	運	191	9
エイ	映	80	4
エイ	英	127	6
エイ	泳	194	9
エキ	駅	103	5
エン	遠	21	1
エン	園	82	4
オウ	黄	112	5
おーえる	終	94	4
おおやけ	公	82	4
オク	屋	19	1
おくーる	送	57	3
おくーれる	遅	59	3
おしーえる	教	172	8
おそーい	遅	59	3
おそーわる	教	172	8
おっと	夫	85	4
おとうと	弟	14	1
おなーじ	同	178	8
おも	主	64	3
おもーい	重	60	3

読み	かん字	ページ	章
おもーう	思	86	4
おや	親	36	2
およーぐ	泳	194	9
おーりる	降	104	5
おーろす	降	104	5
おーわる	終	94	1
カ	家	13	1
カ	科	116	5
カ	化	127	6
カ	歌	133	6
カ	夏	147	7
ガ	画	80	4
カイ	会	81	4
カイ	開	105	5
カイ	界	160	7
カイ	海	200	9
かえーす	返	182	8
かえーる	返	182	8
カク	客	35	2
カク	画	80	4
ガク	楽	134	6
かさーなる	重	60	3
かさーねる	重	60	3
かーす	貸	181	8
かず	数	128	6
かぜ	風	154	7
かぞーえる	数	128	6
かたーる	語	126	6
ガッ	合	118	5
かみ	紙	44	2
かよーう	通	109	5
から	空	149	7
かーりる	借	181	8
かるーい	軽	60	3
かろーやか	軽	60	3
カン	館	81	4
カン	寒	156	7
カン	漢	169	8
ガン	丸	177	8
かんがーえる	考	176	8
き	黄	112	5
キャク	客	35	2
キュウ	急	58	3
キュウ	究	125	6
キョ	去	150	7
キョウ	兄	14	1
キョウ	京	66	3
キョウ	強	155	7
キョウ	教	172	8
きーる	切	36	2
きーる	着	106	5
キン	近	21	1
ギン	銀	42	2
ク	区	72	3
クウ	空	149	7
くさ	草	198	9
くすり	薬	117	5
くに	国	69	3
くも	雲	150	7
くろ	黒	43	2
くろーい	黒	43	2
け	毛	27	1
ケ	化	127	6
ケイ	兄	14	1
ケイ	軽	60	3
ケイ	京	66	3
ケイ	計	118	5
ケン	県	71	3
ケン	研	125	6
ケン	験	175	8
ゲン	原	98	9
コ	去	150	7

さくいん

読み	かん字	ページ	章
コ	湖	199	9
ゴ	後	49	2
ゴ	午	50	2
ゴ	語	126	6
コウ	広	20	1
コウ	工	93	4
コウ	後	49	2
コウ	公	82	4
コウ	光	28	1
コウ	降	104	5
コウ	交	109	5
コウ	考	176	8
ゴウ	号	66	3
ゴウ	合	118	5
こえ	声	133	6
コク	黒	43	2
コク	国	69	3
コク	谷	199	9
こころ	心	128	6
こころ−みる	試	175	8
こた−え	答	176	8
こた−える	答	176	8
こま−かい	細	138	6
ころも	衣	28	1
サ	作	92	4
サイ	妻	85	4
サイ	細	138	6
サイ	才	194	9
さか	酒	132	6
サク	作	92	4
サク	冊	182	8
さけ	酒	132	6
サツ	冊	182	8
さと	里	203	9
さま	様	64	3
さむ−い	寒	156	7
さら	皿	139	6
さ−る	去	150	7
シ	姉	15	1
シ	私	16	1
シ	始	94	4
シ	使	42	2
シ	紙	44	2
シ	市	71	3
シ	思	86	4
シ	止	110	5
シ	試	175	8
シ	史	183	8
ジ	自	197	9
ジ	地	65	3
ジ	持	159	7
ジ	自	197	9
しず−か	静	22	1
した−しい	親	36	2
シツ	質	171	8
シツ	室	172	8
しな	品	38	2
し−まる	閉	105	5
し−める	閉	105	5
シャ	社	91	4
シャ	写	161	7
シャク	借	181	8
ジャク	弱	155	7
シュ	主	65	3
シュ	酒	132	6
シュウ	終	94	4
シュウ	週	79	4
シュウ	集	131	6
シュウ	秋	148	7
シュウ	習	192	9
ジュウ	重	60	3
ジュウ	住	63	3
シュク	宿	170	8

読み	かん字	ページ	章
シュン	春	147	7
ショ	所	63	3
ショ	暑	156	7
ショウ	正	177	8
ジョウ	場	93	4
ジョウ	乗	104	5
ショク	色	111	5
し−る	知	132	6
しろ	白	43	2
しろ−い	白	43	2
シン	親	36	2
シン	心	128	6
シン	真	161	7
ズ	図	184	8
スウ	数	128	6
す−む	住	63	3
セ	世	160	7
セイ	静	22	1
セイ	青	112	5
セイ	声	133	6
セイ	星	149	7
セイ	晴	153	7
セイ	世	160	7
セイ	正	177	8
セキ	赤	111	5
セツ	切	36	2
セツ	雪	154	7
セン	船	162	7
ゼン	前	49	2
ゼン	然	197	9
ソウ	早	50	2
ソウ	送	57	3
ソウ	走	193	9
ソウ	草	198	9
ソク	速	59	3
ゾク	族	13	1
そだ−つ	育	16	1
そだ−てる	育	16	1
そら	空	149	7
ソン	村	72	3
タイ	台	110	5
タイ	待	117	5
タイ	太	138	6
タイ	貸	181	8
ダイ	弟	14	1
ダイ	台	110	5
ダイ	題	170	8
タク	宅	58	3
ただ−しい	正	177	8
たに	谷	199	9
たの−しい	楽	134	6
たの−しむ	楽	134	6
たび	旅	159	7
たま	玉	26	1
ため−す	試	175	8
たよ−り	便	41	2
タン	短	26	1
チ	遅	59	3
チ	地	65	3
チ	知	132	6
チ	池	204	9
ちか−い	近	21	1
チャク	着	106	5
チュウ	昼	48	2
チョウ	朝	47	2
チョウ	鳥	205	9
ツウ	通	109	5
つか−う	使	42	2
つ−く	着	106	5
つく−る	作	92	4
つま	妻	85	4
つよ−い	強	155	7
つよ−まる	強	155	7

217

読み	かん字	ページ	章
つよ−める	強	155	7
て			
テイ	弟	14	1
テイ	低	20	1
テツ	鉄	103	5
テン	店	35	2
テン	天	153	7
と			
ト	都	69	3
ト	図	184	8
と−い	問	171	8
と−う	問	171	8
トウ	当	37	2
トウ	冬	145	7
トウ	答	176	8
ドウ	道	70	3
ドウ	働	92	4
ドウ	同	178	8
ドウ	動	191	9
とお−い	遠	21	1
とお−る	通	109	5
トク	特	86	4
ところ	所	63	3
と−じる	閉	105	5
と−まる	止	110	5
と−める	止	110	5
とり	鳥	205	9
な			
な−く	鳴	206	9
なつ	夏	147	7
なら−う	習	192	9
な−らす	鳴	206	9
な−る	鳴	206	9
に	に	荷	57	3
ぬ	ぬし	主	64	3
ね	ね−る	練	192	9
	ネン	然	197	9
の	の	野	203	9
	の−せる	乗	104	5
	の−る	乗	104	5
は	ば	場	93	4
	バ	馬	206	9
	バイ	売	37	2
	はか−る	計	118	5
	ハク	白	43	2
	はこ−ぶ	運	191	9
	はじ−まる	始	94	4
	はじ−める	始	94	4
	はし−る	走	193	9
	はたら−く	働	92	4
	ハツ	発	106	5
	はね	羽	205	9
	はや−い	早	50	2
	はや−い	速	59	3
	はら	原	198	9
	はる	春	147	7
	は−れる	晴	153	7
	ハン	飯	139	6
	バン	晩	47	2
	バン	番	65	3
ひ	ひかり	光	28	1
	ひか−る	光	28	1
	ひく−い	低	20	1
	ビョウ	病	115	5
	ひら−く	開	105	5
	ひる	昼	48	2
	ひろ−い	広	20	1
	ひろ−がる	広	20	1
	ひろ−げる	広	20	1
	ヒン	品	38	2
	ビン	便	41	2
ふ	フ	府	70	3
	フ	夫	85	4
	フ	不	178	8
	ブ	部	19	1
	フウ	夫	85	4
	フウ	風	154	7

読み	かん字	ページ	章
フク	服	25	1
ふと−い	太	138	6
ふと−る	太	138	6
ふね	船	162	7
ふゆ	冬	148	7
ふ−る	降	104	5
ブン	文	126	6
へ			
ベ	辺	200	9
ヘイ	閉	105	5
ヘン	返	182	8
ヘン	辺	200	9
ベン	便	41	2
ベン	勉	169	8
ほ			
ホ	歩	193	9
ほし	星	149	7
ほそ−い	細	138	6
ま			
ま	真	161	7
マイ	妹	15	1
マイ	毎	79	4
まえ	前	49	2
ま−ざる	交	109	5
まじ−える	交	109	5
ま−じる	交	109	5
まじ−わる	交	109	5
ま−ぜる	交	109	5
ま−つ	待	117	5
まる	丸	177	8
まる−い	丸	177	8
まる−める	丸	177	8
み			
ミ	味	137	6
みじか−い	短	26	1
みずうみ	湖	199	9
みせ	店	35	2
みち	道	70	3
みどり	緑	204	9
みやこ	都	69	3
む	むぎ	麦	140	6
	むら	村	72	3
め	メイ	鳴	206	9
	めし	飯	139	6
も	モウ	毛	27	1
	も−つ	持	159	7
	モン	文	126	6
	モン	問	171	8
や	や	家	13	1
	や	屋	19	1
	ヤ	夜	48	2
	ヤ	野	203	9
	ヤク	薬	117	5
	やど	宿	170	8
ゆ	ユ	油	137	6
	ユウ	有	88	4
	ゆき	雪	154	7
よ	よ	夜	48	2
	よ	世	460	7
	ヨウ	様	64	3
	ヨウ	洋	25	3
	よる	夜	48	2
	よわ−い	弱	155	7
	よわ−まる	弱	155	7
	よわ−める	弱	155	7
	よわ−る	弱	155	7
ら	ラク	楽	138	6
り	リ	利	41	2
	リ	理	87	4
	リ	里	203	9
	リョ	旅	159	7
	リョウ	料	87	4
	リョク	緑	204	9
れ	レキ	歴	183	8
	レン	練	192	9
わ	わか−い	若	131	6
	わたし	私	16	1

解答

◆ 1章

● 1章−1

P13 ①いえ ②いっかい おおやさん ③しょうらい まんがか ④やまださん なんにん かぞく ⑤やすみのひ ともだち すいぞくかん いきます
①家 ②大家 ③家ちん ④せいじ家 ⑤家族 ⑥一族

P14 ①さんさい としうえ あに ②おとうと ことし ちゅうがくせい ③いえ きょうだい ④あに としした ⑤おとうと だいがくせい
①兄 ②父兄 ③ぎ兄 ④兄弟 ⑤弟 ⑥ぎ弟

P15 ①いちばんうえ あね りゅうがく ②いもうと いま じっさい／じゅっさい ③いえ しまい ゆうめい ④あね こうこう せんせい ⑤さんにんしまい まんなか
①姉 ②姉 ③妹 ④姉妹 ⑤三人姉妹

P16 ①わたし いえ はな そだてて ②しりつ ちゅうがっこう ③そだつ まいにち みず ④きょう たいいく ⑤はは いくじ てつだって
①私 ②私立大学 ③育つ ④育てる ⑤子育て ⑥体育

P17 ふくしゅう
1.①きょうだい ②いえ ③おにいさん ④いもうと ⑤たいいく ⑥おおやさん ⑦そだちました ⑧すいぞくかん ⑨まんがか ⑩あね
2.①兄 ②私立 ③家 ④育じ ⑤弟 ⑥五人家族 ⑦お姉さん ⑧家ちん ⑨育てて ⑩姉妹

● 1章−2

P19 ①がくぶ だいがく ②サッカーぶ ぶちょう ③わたし ほん いちぶ ④おくじょう ふじさん みえます ⑤わたし がっこう うさぎごや
①ぶん学部 ②バレー部 ③部下 ④部長 ⑤本屋 ⑥花屋 ⑦屋ね ⑧屋上

P20 ①かわかみさん へや ひろくて ②たいそう ひろがって ③でんしゃ なか あし ひろげて ④わたし ひくい たかい ⑤こども がくりょく ていか
①広い ②広がる ③広げる ④広大な ⑤低い ⑥低下 ⑦低学年 ⑧高低

P21 ①わたし いえ ちかく おおきな ②がっこう ちかみち ③あね さいきん いきました ④わたし いえ とおい ⑤えんりょ たべて
①近い ②近づく ③近じょ ④さい近 ⑤遠い ⑥遠足 ⑦ぼう遠きょう

P22 ①しずかに ②しずかな まち ③れいせいに こうどう ④いっしゅうかん あんせいに
①静かな ②れい静な ③安静 ④静電気

P23 ふくしゅう
1.①ていか ②ひろくて ③ぼうえんきょう ④ひろがりました ⑤おくじょう ⑥ていがくねん ⑦さいきん ⑧サッカーぶ ⑨しずか ⑩こうだいな
2.①低くて ②部長 ③広げないで ④遠りょ ⑤本屋 ⑥遠くて ⑦近づいて ⑧ぶん学部 ⑨れい静 ⑩近く

● 1章−3

P25 ①せんもんがっこう せいようりょうり ②かのじょ ようがく ③こんど ようふく かいました ④いちど わふく ⑤せいふく
①西洋 ②東洋 ③洋がく ④洋が ⑤せい服 ⑥洋服 ⑦わ服 ⑧私服

P26 ①みじかい じかん ②みじかく ③たなかさん ひと たんき ④みずたまもよう かいました ⑤こども おてだま
①短い ②短気な ③短所 ④水玉 ⑤玉ねぎ ⑥十円玉 ⑦お年玉

P27 ①かみのけ はいって ②まゆげ ③もうふ いちまい ④けいと つくって ⑤ようふく いとくず
①かみの毛 ②まつ毛 ③まゆ毛 ④犬の毛 ⑤よう毛 ⑥毛ふ ⑦毛糸 ⑧糸

P28 ①ひかって ②ひかり でんき つくります ③にっこう ゆうめいな ④いふく ⑤じゅうがつ ころもがえ

①光る ②光 ③日光 ④かん光 ⑤衣服 ⑥こう衣しつ ⑦衣がえ

P29 ふくしゅう
1.①いと ②たんきな ③こういしつ ④ようもう ⑤ひかって ⑥ようがく ⑦おてだま ⑧しふく ⑨けいと ⑩ころもがえ
2.①洋服 ②糸くず ③水玉もよう ④短く ⑤光 ⑥東洋 ⑦毛ふ ⑧衣りょうひん ⑨まつ毛 ⑩かん光

P30 アチーブメントテスト（配点：1.2.は各2点、3.は各3点）
1.①ひろがりました ②まんがか ③ぶちょう ④みずたまもよう ⑤しまい ⑥やちん ⑦ちかく ⑧みじかく ⑨そだてて ⑩しずかに
2.①大家 ②兄弟 ③衣がえ ④私立大学 ⑤屋上 ⑥遠足 ⑦光る ⑧まつ毛 ⑨低下 ⑩体育
3.①私 ②かぞく ③あに ④妹 ⑤ようふく ⑥育てる ⑦広い ⑧いえ ⑨けいと ⑩かんこう ⑪せい服 ⑫バレーぶ ⑬かみのけ ⑭短い ⑮しまい ⑯遠い ⑰近く ⑱静か ⑲へや ⑳光って

P32 クイズ
1.①家族 ②父 ③母 ④兄 ⑤姉 ⑥弟 ⑦妹 ⑧兄弟 ⑨姉妹
2.①広 ②低 ③静 ④近 ⑤短 ⑥低
3.①族 ②姉 妹 ③静 ④育 ⑤洋 ⑥部

◆ 2章
しょう

● 2章-1
P35 ①みせ にんき ②てんいん ききました ③ぎんこう ほんてん ④おきゃくさん てんない あんない ⑤りょかっき／りょかくき
①店 ②店長 ③本店 ④し店 ⑤きっさ店 ⑥お客さん ⑦来客 ⑧客間

P36 ①なつやすみ おや りょこう いきました ②いちばん したしい ともだち ③みせ てんいん しんせつ ④わたし かぞく よにん りょうしん あに わたし ⑤にく きって いれて
①父親 ②母親 ③親子 ④りょう親 ⑤親友 ⑥親切な ⑦切る ⑧切手

P37 ①よんだ ほん ふるほんや うりました ②あたらしい うれました ③ばいてん しんぶん かいました ④め あたって ⑤りょこう あてました
①売る ②安売り ③売店 ④当たる ⑤当てる ⑥べん当 ⑦当日 ⑧本当

P38 ①おもいで しなもの ②やすうり しなぎれ ③きんじょ ゆうがた しょくひん やすく ④やまださん はなしかた じょうひんな ひと ⑤にゅうがく しょうひんけん
①品物 ②品かず ③手品 ④食品 ⑤しょう品 ⑥上品 ⑦下品

P39 ふくしゅう
1.①あったら ②したしい ③きります ④みせ ⑤しなかず ⑥おきゃくさん ⑦ばいてん ⑧りょかっき／りょかくき ⑨げひんな ⑩てじな
2.①売れました ②おべん当 ③親子 ④店いん ⑤親切な ⑥上品 ⑦客間 ⑧当てて ⑨親友 ⑩切手

● 2章-2
P41 ①そふ たより きました ②なんでも べんり ③ゆうびんきょく きって かって てがみ だしました ④あした はちじ びん かえります ⑤やすみじかん りよう せんせい
①便り ②便利 ③便き ④こうくう便 ⑤便せん ⑥ゆう便きょく ⑦利よう ⑧利子

P42 ①つかいかた ②たいし らいにち ③しよう しよう ④ぎんこう とおい つかいます ⑤にほん きんメダル ぎんメダル
①使う ②使い方 ③大使 ④使よう ⑤銀行 ⑥銀いろ

P43 ①ごじゅうえん しろくろコピー じゅうえん ②たんじょうび しろい かって ③はくい ④にし まっくろな みえます ⑤め こくばん じ みえません
①白黒 ②白い ③白ちょう ④黒い ⑤黒こしょう ⑥まっ黒 ⑦黒字 ⑧黒おび

P44 ①かみ はんぶん きって ②ようし ひゃくまい かいました ③どようび しんぶんし だ

します ④おりがみ どうぶつ すき
①紙 ②紙コップ ③紙ひこうき ④おり紙 ⑤よう紙 ⑥新聞紙

P45 ふくしゅう
1.①しろい ②りし ③ぎんメダル ④べんり ⑤くろおび ⑥ゆうびんきょく ⑦おりがみ ⑧まっしろ ⑨たより ⑩ようし
2.①黒ばん ②使よう ③紙ひこうき ④便 ⑤利よう ⑥白ちょう ⑦黒い ⑧新聞紙 ⑨使い方 ⑩銀行

● 2章－3
P47 ①きょう あさ なんじ ②ちょうしょく ぎゅうにゅう ③はいって あさひ め ④さいきん あさばん ⑤ばんごはん たべません
①朝 ②まい朝 ③朝日 ④朝食 ⑤朝晩 ⑥晩ごはん ⑦今晩

P48 ①ひるやすみ いきます ②ちゅうしょく たべました ③よる はちじ かえりました ④ひとり よみち き ⑤はは やしょく もってきて
①昼 ②昼食 ③夜 ④夜みち ⑤夜中 ⑥今夜 ⑦しん夜 ⑧夜食

P49 ①まえ ぎんこう ②なまえ かいて ③ぜんごさゆう き ④うしろ ⑤あと ともだち かいもの いきます
①名前 ②前後 ③前半 ④後半 ⑤前後ろ ⑥後ろ ⑦後

P50 ①がっこう ごぜん くじ ごご よじ ②しょうご ひるごはん たべましょう ③じかん はやくて きて ④わたし まいあさ はやく ⑤そうちょう がっこう いきます
①午前 ②午後 ③午前中 ④しょう午 ⑤早い ⑥早く ⑦早口な ⑧早朝

P51 ふくしゅう
1.①こうはん ②はやくち ③ちゅうしょく ④なまえ ⑤こんや ⑥ぜんごさゆう ⑦ちょうしょく ⑧ごご ⑨けさ ⑩あと
2.①後ろ ②夜食 ③午前 ④昼休み ⑤朝 ⑥晩ごはん ⑦夜中 ⑧早朝 ⑨夜 ⑩前

P52 アチーブメントテスト（配点：1．2．は各2点、3．は各3点）
1.①したしく ②あたったら ③きります ④しなぎれ ⑤じょうひんな ⑥たより ⑦ちゅうしょく ⑧うって ⑨そうちょう ⑩みせ
2.①親子 ②本店 ③黒字 ④新聞紙 ⑤客間 ⑥前後 ⑦夜中 ⑧しょう午 ⑨親友 ⑩朝晩
3.①朝 ②晩 ③便利 ④ひる ⑤お客さん ⑥りよう ⑦夜 ⑧昼休み ⑨おべんとう ⑩しんや ⑪やしょく ⑫てんない ⑬品物 ⑭しろくろコピー ⑮まえ ⑯銀行 ⑰きって ⑱使う ⑲てんいん ⑳親切

P54 クイズ
1.①しぶやてん ②まえ ③ちかくて ④べんり ⑤てんいん ⑥しんせつ ⑦しょうひん ⑧べんとう ⑨ごぜん ⑩ごご ⑪あさ ⑫はやい ⑬よる ⑭おきゃくさん ⑮てんちょう
2.①親 ②店 ③朝 ④夜 ⑤黒
3.①自→白 ②金→銀 ③使→使 ④晩→晩

◆ 3章
しょう

● 3章－1
P57 ①にもつ すこし ②てにもつ ③おくって ④あめ ともだち おくりました ⑤ともだち まえ そうべつかい
①荷物 ②手荷物 ③送る ④送しん ⑤見送り ⑥送べつかい

P58 ①やまださん おたく ②じゅうたく ゆうめいじん いえ ③ともだち たくはい ④じかん いそいで ひるごはん たべます ⑤あさ てんき あめ きゅうに
①帰宅 ②じゅう宅 ③お宅 ④急いで ⑤急行 ⑥急な ⑦きゅう急車

P59 ①かわ はやい ②あに たべる はやい ③じそく だして ④じかん おくれて ⑤がっこう ちこく
①速い ②速度 ③時速 ④速たつ ⑤遅い ⑥遅れる ⑦遅こく

P60 ①きょう ふく なんまい かさねて ②にもつ おもい かえります ③きょう じゅうよう

おくれないで ④かるくて ⑤あさ からだ かるく
①重なる ②重ねる ③体重 ④重い ⑤軽い ⑥軽い ⑦軽やかに ⑧軽食

P61 ふくしゅう
1. ①おもい ②おくります ③きゅうに ④にもつ ⑤かるく ⑥ちこく ⑦おたく ⑧みおくり ⑨はやい ⑩いそいで
2. ①帰宅 ②速たつ ③送べつかい ④重ねたら ⑤手荷物 ⑥軽食 ⑦急行 ⑧体重 ⑨送りましょう ⑩遅れて

● 3章-2
P63 ①わたし がくせいよう すんで ②じゅうたくがい なか おおきな ③わたし たかい ところ すき ④へや しょくじ みたり ところ ⑤なまえ じゅうしょ かいて
①住む ②住宅がい ③高い所 ④住所 ⑤ば所 ⑥何か所 ⑦長所 ⑧短所

P64 ①おきゃくさま ②おつかれさま おさきに ③みせ そと なか ようす みます ④おとしもの もちぬし ⑤はやかわさん ごしゅじん しょうがっこう こうちょう
①田中様 ②お客様 ③様子 ④もち主 ⑤主に ⑥主な ⑦ご主人

P65 ①いちばん ②こうばん ぎんこう いきかた ききました ③きょう とうばん わたしたち ④ちか しょくりょうひん かいました ⑤ひと じみな ふく
①一番 ②何番 ③こう番 ④当番 ⑤地名 ⑥地上 ⑦番地 ⑧地みな

P66 ①でんわばんごう ②わたし へや さんぜろいちごうしつ ③まいつき よんで じゅういちがつごう かいました ④とうきょう じんこう せんよんひゃくまんにん ⑤けいひん かんこう
①電話番号 ②101号しつ ③しん号 ④年号 ⑤号外 ⑥東京

P67 ふくしゅう
1. ①いちばん ②とうきょう ③ねんごう ④ばしょ ⑤しゅじん ⑥すんで ⑦おきゃくさま ⑧じみ ⑨ところ ⑩ようす
2. ①もち主 ②電話番号 ③長所 ④地下 ⑤12月号 ⑥住所 ⑦主に ⑧当番 ⑨おつかれ様 ⑩地名

● 3章-3
P69 ①くに ゆうめいな たべもの なん ②にほん こくご かんじ ③かみ なまえ じゅうしょ こくせき かいて ④とうきょうと にほん しゅと ⑤とかい せいかつ
①外国 ②帰国 ③京都 ④都内 ⑤都かい ⑥都

P70 ①みち くるま き ②いえ まえ みち こどもたち ③わたし ほっかいどう すんで ④おおさかふ にしにほん ちゅうしん ⑤うしろ ふ ところ おおさか きょうと
①道 ②道ろ ③北かい道 ④道ぐ ⑤大さか府 ⑥京都府

P71 ①にほん けん ②わたし やまぐちけん うまれ ③しやくしょ いって てつづき ④にちようび あたらしい しちょう ⑤あさいち いく あたらしい やすく かう
①山口県 ②あお森県 ③岩手県 ④市ば ⑤市やく所 ⑥市内 ⑦一都一道二府四十三県

P72 ①とうきょうと く ②こどもたち くない がっこう いって ③みち く ④むら ひと くるま とかい すくない ⑤しちょうそん あたらしい し
①二十三区 ②区長 ③区内 ④村 ⑤村長 ⑥市町村

P73 ふくしゅう
1. ①がいこく ②ほっかいどう ③くない ④きょうと ⑤むら ⑥いちば ⑦しゅと ⑧なにけん ⑨しない ⑩ふ
2. ①道ろ ②市やく所 ③帰国 ④一都一道二府四十三県 ⑤村 ⑥東京都 ⑦区長 ⑧都かい ⑨道 ⑩市町村

P74 アチーブメントテスト（配点：1.2.は各2点、3.は各3点）
1. ①きゅうこう ②おきゃくさま ③そうしん ④かさねて ⑤はやい ⑥きょうと ⑦ところ ⑧そくたつ ⑨みおくり ⑩ごしゅじん
2. ①長所 ②帰国 ③軽食 ④送べつかい ⑤遅こく ⑥時速 ⑦様子 ⑧号外 ⑨都内 ⑩朝市
3. ①荷物 ②送る ③たくはいびん ④急いで ⑤おくれる ⑥帰宅 ⑦遅い ⑧住んで ⑨くない ⑩しない ⑪ほっかいどう ⑫所 ⑬住所 ⑭番地 ⑮なんごうしつ ⑯きゅうな ⑰

電話番号 ⑱重い ⑲かるく ⑳一番
P76 クイズ
2. ①国 国 ②近 ③地 地 ④長 所
3. ①遅 ②所 ③送 ④重 ⑤道
4. ①客様 ②番号 ③様 ④住所 ⑤区 ⑥番 ⑦遅

◆ 4章
しょう

● 4章-1

P79 ①きょねん まいにち にっき ②まいとし そぼ たんじょうび かぞく ③まいしゅう きんようび ④かのじょ いっしゅうかん ⑤こんど しゅうまつ ともだち かいもの いきます
①毎日 ②毎年 ③毎かい ④毎週 ⑤週休 ⑥二週間 ⑦週まつ ⑧来週

P80 ①ともだち うつって ②うつします ③こいびと えいが み いきました ④ゆうめいな がか ⑤らいしゅう りょこう けいかく たてました
①映る ②映す ③映画 ④画家 ⑤画めん ⑥まん画 ⑦画すう ⑧けい画

P81 ①ちかく おおきい えいがかん ②あした／あす ごぜんちゅう たいしかん いく ③ようかん ひゃくねんまえ
①りょ館 ②映画館 ③大使館 ④はく物館 ⑤びじゅつ館

P82 ①ゆうめいじん おおやけ ②わたし こうりつ がっこう ③さいきん こうし まいにち おくって ④しゅじんこう いま にんき ⑤こうえん いぬ いきました
①公 ②公立 ③主人公 ④公かい ⑤公園 ⑥ゆう園地 ⑦どう物園 ⑧ようち園

P83 ふくしゅう
1. ①けいかく ②おおやけ ③うつして ④まんが ⑤ゆうえんち ⑥こうし ⑦まいかい ⑧たいしかん ⑨にしゅうかん ⑩どうぶつえん
2. ①映って ②まいとし ③公園 ④週休二日 ⑤りょ館 ⑥ようち園 ⑦画家 ⑧週まつ ⑨毎日 ⑩映画

● 4章-2

P85 ①ごねんまえ おっと であいました ②ぶちょうごふさい ③やすみのひ ふうふ ④けっこんきねんび つま ⑤ゆうめいな あいさいか
①夫 ②田中夫妻 ③夫ふ ④夫人 ⑤妻 ⑥妻子 ⑦あい妻家

P86 ①とくに ②きょう とくべつ ③ふたり りょこう おもって ④いった ふじさん おもいで ⑤じぶん いし りゅうがく
①特べつ ②特売 ③特に ④特急 ⑤思う ⑥思い ⑦思い出 ⑧思しゅんき

P87 ①りょうきん さきに ②しょくりょう かいます ③きゅうりょう ④つま りょうり ⑤わたし りけい だいがく はいりたい
①料金 ②食料 ③む料 ④し料 ⑤料理 ⑥理ゆう ⑦物理 ⑧理けい

P88 ①ゆうめいな かのじょ ②ゆうりょくな ③ゆうりょう ちゅうしゃじょう
①有料 ②有名人 ③有力 ④有利

P89 ふくしゅう
1. ①おっと ②ふさい ③とくべつに ④あいさいか ⑤おもって ⑥いし ⑦とっきゅうでんしゃ ⑧むりょう ⑨ゆうりょくな ⑩りけい
2. ①きゅう料 ②ご夫ふ ③有名人 ④物理 ⑤料金 ⑥思い出します ⑦料理 ⑧特に ⑨妻 ⑩夫人

● 4章-3

P91 ①やすみのひ ともだち あって えいが いきました ②にゅうかい ③にほんじん ともだち かいわ じょうずに ④わたし ちち ぼうえきがいしゃ しゃちょう ⑤だいがく しゃかいじん
①会う ②入会 ③会話 ④大会 ⑤会社 ⑥入社しき ⑦本社 ⑧じん社

P92 ①やまださん はたらき だいがく ②ろうどうじかん ③つくりました ④しょうせつ ゆうめいな さっか かきました ⑤てんき さくもつ そだちません

①働く ②ろう働 ③作る ④作しゃ ⑤名作 ⑥作家 ⑦作ぎょう ⑧作品

P93 ①わたし おとうと こうがくぶ がくせい ②スキーじょう じんこう つかって ③ともだち ビールこうじょう けんがく いきました ④おおやけ ば き ⑤ほんば
①人工 ②工学部 ③工じ ④広場 ⑤工場 ⑥出場 ⑦会場

P94 ①くじ はじまります ②せんせい ねんし ③しぎょうしき がっこう たいいくかん おこないます ④おわって ⑤ともだち のんで しゅうでん のりおくれました
①始まる ②始める ③始ぎょうしき ④年始 ⑤終わる ⑥終える ⑦終りょう ⑧終日

P95 ふくしゅう
1. ①ねんし ②しゃちょう ③あいました ④しゅうじつ ⑤さっか ⑥ほんば ⑦しゅつじょう ⑧かいじょう ⑨さくもつ ⑩こうじちゅう
2. ①工場 ②会話 ③作ぎょう中 ④働いて ⑤広場 ⑥名作 ⑦会社 ⑧始めました ⑨終わったら ⑩作りました

P96 アチーブメントテスト（配点：1.2.は各2点、3.は各3点）
1. ①おっと ②さくひん ③とっきゅうでんしゃ ④おもいだしました ⑤せいようりょうり ⑥つくりました ⑦ゆうめいじん ⑧はじまります ⑨ぼうえきがいしゃ ⑩りょうきん
2. ①毎年 ②週休 ③作家 ④けい画 ⑤大使館 ⑥夫ふ ⑦公立 ⑧終わる ⑨ようち園 ⑩工場
3. ①かいしゃいん ②つま ③働いて ④毎日 ⑤料理 ⑥作って ⑦こうえん ⑧先週 ⑨おもって ⑩映画 ⑪がめん ⑫画家 ⑬かいがてん ⑭びじゅつ館 ⑮特に ⑯めいさく ⑰有名な ⑱とくべつ ⑲ふうふ ⑳思い出

P98 クイズ
1. ①工場 ②公園 ③画家 ④映画 ⑤料理 ⑥主人公
2. ①土 ②夜 ③何 様 ④妻 ⑤料 ⑥週 ⑦特
3. ①とくしゅう ②かいしゃ ③つくって ④ふさい ⑤こうじょう ⑥はじめて ⑦ゆうめいに ⑧はたらいて
4. ①周→週 ②晩→映 ③工→公 利→理 ④飲→館

P100 まとめテスト 1〜4章（配点：1.2.は各2点、3.は各3点）
1. ①けいかく ②みずたま ③ころもがえ ④はやくち ⑤こうえん ⑥さっか ⑦じゅうしょ ⑧そだてて ⑨ようふく ⑩しゅうでん
2. ①親切 ②屋上 ③荷物 ④午後 ⑤有名 ⑥毛糸 ⑦映画 ⑧お客様 ⑨銀行 ⑩兄弟
3. ①かぞく ②前 ③あね ④毎日 ⑤あう ⑥先週 ⑦ふうふ ⑧しまい ⑨京都 ⑩近くて ⑪かんこう ⑫べんり ⑬部屋 ⑭ひろくて ⑮静か ⑯料理 ⑰朝 ⑱ばいてん ⑲短い ⑳おもいで

◆ 5章
しょう

● 5章-1
P103 ①わたし いえ えき じゅうごふん ところ ②しちじ えき にしぐち あいましょう ③ちかてつ えき ともだち あいました ④てつどう あたらしい えき けんがく きました ⑤まいあさ てつぶん おおい しょくひん たべる
①駅 ②駅いん ③駅長 ④二つ目の駅 ⑤鉄 ⑥地下鉄 ⑦鉄道 ⑧鉄分

P104 ①のる でんしゃ のりおくれて ②くるま こども のせる ③じょうしゃ おきゃくさま あしもと き ④おりて みぎ えき ⑤ろくがつ あめ ふります
①乗る ②乗せる ③乗り場 ④乗客 ⑤降りる ⑥降ろす ⑦降る ⑧降水りょう

P105 ①でいりぐち うえ のる さゆう ひらきます ②すこし あけて ③かいか さんがつ しがつ ④あめ ふって しめて ⑤しまります にもつ からだ き
①開く ②開く ③開閉 ④開園 ⑤公開 ⑥開場 ⑦閉じる ⑧閉店

P106 ①しはつ しんかんせん のって きょうと いきました ②こねこ むいか はっけん ③しゅっぱつ にじかんまえ ④えき ついたら でんわ いきます ⑤ふって とうちゃく さ

んじかん おくれました
①発明 ②開発 ③発音 ④発車 ⑤着る ⑥着物 ⑦着地 ⑧一着

P107 ふくしゅう
1. ①しはつ ②ふったら ③きもの ④へいてん ⑤ついたら ⑥ひらいて ⑦のりば ⑧しめて ⑨うわぎ ⑩ちかてつ
2. ①着て ②駅前 ③とう着 ④閉じて ⑤発見 ⑥開けて ⑦降りる ⑧乗客 ⑨開園 ⑩出発

●5章-2
P109 ①しゃちょう まじえて ②かみ なか いちまい まざって ③たけなかせんせい こどもたち まじって ④まいにち さんじっぷん／さんじゅっぷん がっこう かよって ⑤わたし すんで まち こうつう べんり すみ
①交わる ②交ぜる ③交さてん ④交りゅう ⑤通る ⑥大通り ⑦通きん・通学 ⑧一方通行

P110 ①だいどころ はは ちょうしょく つくって ②いもうと あし はやく だい ③えきまえ なんだい とまって ④じしん でんき すいどう とまって ⑤あめ ふったら あした ちゅうし
①三台 ②台所 ③荷台 ④高台 ⑤台ふう ⑥止まる ⑦止める ⑧きん止

P111 ①かおいろ ②わたし あかるい いろ ようふく きます ③にじゅうよんしょく ④あかい きて ⑤しんごう あか とまって
①七色 ②色紙 ③特色 ④赤い ⑤赤ペン ⑥赤しん号 ⑦赤道 ⑧赤はん

P112 ①きいろ あめ ふって めだちます ②きいろくて はな ③あおい しろい ④しんごう あお ⑤ひとり せいねん でんしゃ おとしより
①黄色 ②黄金 ③らん黄 ④青い ⑤青しん号 ⑥青ぞら ⑦青年 ⑧青しゅん

P103 ふくしゅう
1. ①いっぽうつうこう ②せきどう ③まじえた ④だいどころ ⑤ちゅうし ⑥らんおう ⑦とおる ⑧かおいろ ⑨こうさてん ⑩せいねん
2. ①通って ②黄色い ③台ふう ④交ざって ⑤青い ⑥交通 ⑦茶色い ⑧止まって ⑨通学 ⑩大通り

●5章-3
P115 ①びょうき たべもの き ②きんじょ びょういん いったら じかん ごぜん ③いっしゅうかん にゅういん あした／あす たいいん ④だいがく だいがくいん いきたい おもって ⑤あね まいつき びよういん いきます
①病気 ②病院 ③入院 ④たい院 ⑤院長 ⑥通院 ⑦大学院生 ⑧寺院

P116 ①こども いしゃ ②あに いま いがくぶ ろくねんせい ③たなかいいん いんちょう めいい いわれて ④かがく はってん わたしたち せいかつ べんりに ⑤いきたい だいがく がくぶ がっかめい
①医しゃ ②医学 ③科目 ④理科 ⑤科学 ⑥学科 ⑦内科 ⑧外科

P117 ①しょくご くすり のんで ②あさ いそいで かぜぐすり のみました ③いちじかん まって きません ④にんき はいる さんじかん まちました ⑤きょう きたい
①薬 ②かぜ薬 ③薬きょく ④ずつう薬 ⑤目薬 ⑥待つ ⑦待ち時間 ⑧き待

P118 ①わたし うえだ あった き あいました ②ちから あわせて ③あした／あす じゅうじ えき ひがしぐち しゅうごう ④さんじっぷんかん／さんじゅっぷんかん いま じかん はかります はじめて ⑤やすみ かぞく りょこう いく けいかく たてます
①合しょう ②こたえ合わせ ③合かく ④待ち合いしつ ⑤会計 ⑥合計 ⑦計さん ⑧時計

P119 ふくしゅう
1. ①あわせて ②いがくぶ ③けいかく ④びょうき ⑤ろっかもく ⑥かいけい ⑦やっきょく ⑧だいがくいん ⑨はかります ⑩きたい
2. ①薬 ②合う ③医しゃ ④外科 ⑤合計 ⑥病院 ⑦時計 ⑧待ちました ⑨学科 ⑩こたえ合わせ

P120 アチーブメントテスト（配点：1.2.は各2点、3.は各3点）
1. ①あけて ②かおいろ ③えきいん ④まち ⑤のって ⑥たいふう ⑦まざって ⑧おり

る ⑨にゅういん ⑩しめて
2. ①乗車 ②合計 ③開園 ④かぜ薬 ⑤着く ⑥計画 ⑦交りゅう ⑧科目 ⑨赤い花 ⑩青年
3. ①かいはつ ②交通 ③地下鉄 ④とおって ⑤駅 ⑥のりば ⑦じょうきゃく ⑧通学 ⑨とまる ⑩しはつ ⑪ついて ⑫開く ⑬おりて ⑭おおどおり ⑮病院 ⑯黄色 ⑰こうさてん ⑱時計台 ⑲待ち合わせ ⑳開店

P122 クイズ
1. ①赤 ②黄 ③白 ④茶 ⑤緑 ⑥白・黒 ⑦赤・黄・青
2. ①ないか ②びょういん ③まちあいしつ ④かいけい ⑤くすり ⑥やっきょく
3. ①待 ②様 ③内 ④下 ⑤駅 ⑥止 ⑦降 ⑧様 ⑨元 ⑩気 ⑪閉 ⑫乗
4. ①駅 ②急 ③緑 ④静 ⑤住 ⑥所 ⑦時 ⑧計 ⑨台 ⑩公 ⑪園 ⑫番 ⑬家 ⑭族 ⑮待

◆ 6章

● 6章-1

P125 ①にゅうしゃ しゃいんけんしゅう ②だいがくいん くすり かいはつ けんきゅう ③だいがくいん けんきゅうか せつめいかい ④あに まいばん おそく けんきゅうしつ ⑤なつやすみ じゆうけんきゅう かわ いきもの
①研しゅう ②研究 ③研究しゃ ④研究会 ⑤研究所 ⑥研究発ぴょう

P126 ①かたって ②はんとしまえ にほんご はじめました ③だいがく ぶんがくぶ はいりたい ④しょうらい さくぶん かきました ⑤ちゅうもん
①語る ②語学 ③日本語 ④イタリア語 ⑤たん語 ⑥文しょう ⑦母語 ⑧ちゅう文

P127 ①ぼご えいご フランスご はなせます ②えいこく ③りか なか とくに かがく すき ④わたし にほん ぶんか ⑤けしょうひんうりば くちべに かいました
①英語 ②英ゆう ③文化 ④化学 ⑤化石 ⑥へん化 ⑦化しょう ⑧化しょう品

P128 ①のって がくせい にんずう かぞえます ②がくせい すうがく にがて ③はは こころ ④わたし げんき しんぱい ⑤しんりがく
①数 ②数える ③数学 ④数字 ⑤数人 ⑥心 ⑦安心 ⑧中心

P129 ふくしゅう
1. ①あんしん ②たんご ③けんしゅう ④かがく ⑤さくぶん ⑥かたって ⑦かず ⑧けしょう ⑨こころ ⑩じゆうけんきゅう
2. ①数学 ②日本語 ③数えます ④中心 ⑤文けい ⑥研究所 ⑦文化 ⑧ちゅう文 ⑨英語 ⑩心理学

● 6章-2

P131 ①うえださん みっつ わかい ②でんしゃ わかもの おとしより ③あつまって べんきょうかい ④わたし あつめる ⑤あした／あす あさはちじ しゅうごう
①若い ②若もの ③集まる ④集める ⑤集合 ⑥集中 ⑦文集 ⑧ぼ集

P132 ①わたし しんゆう にほんご しって ②だいがく ごうかく つうち ③だいがく のみかい おさけ のみました ④ちかく さかや かいます ⑤おさけ なか にほんしゅ いちばん すき
①知り合う ②知しき ③知人 ④通知 ⑤お酒 ⑥い酒屋 ⑦日本酒 ⑧飲酒うんてん

P133 ①あわせて うた うたいます ②ともだち いって うたいました ③こども かしゅ ④へや わらいごえ きこえます ⑤きむらさん せいりょう うた じょうず
①歌を歌う ②はな歌 ③歌手 ④校歌 ⑤声 ⑥話し声 ⑦なき声 ⑧音声

P134 ①あした／あす りょこう たのしんで ②ごうコン たのしい ほうほう ③きょう らく ④よる まえ おんがく ききます ⑤ことし なにか がっき はじめたい おもって
①楽しい ②楽な ③楽しょう ④楽き ⑤音楽 ⑥声楽 ⑦洋楽

P135 ふくしゅう
1. ①しりあいました ②うたいました ③おんせい ④つうち ⑤わかもの ⑥いんしゅうんてん ⑦おんがく ⑧こえ ⑨かしゅ ⑩あつめて

2.①お酒　②集まって　③校歌　④歌いました　⑤集中　⑥楽しかった　⑦知って　⑧若い　⑨わらい声　⑩知しき

● 6章−3
P137　①あじ　ちょうみりょう　たしましょう　②りょうり　あじみ　③いみ　じしょ　④しんせんな　さかな　あじわって　⑤あぶら
　　　①味　②味見　③ちょう味料　④い味　⑤ごま油　⑥石油　⑦しょう油・ラー油
P138　①わたし　ふとい　すき　②たべすぎ　ふとって　③かのじょ　あし　ほそくて　ながい　④くらい　みち　ひとり　こころぼそい　⑤こまかく
　　　①太い　②太る　③太よう　④太へい洋　⑤細い　⑥細長い　⑦細かい　⑧明細
P139　①さらあらい　②こざら　にまい　③さんど　めし　どくしょ　すき　④ゆうはん　ざいりょうかい　いきます　⑤あたらしい　すいはんき　こめ
　　　①皿　②小皿　③とり皿　④はい皿　⑤飯　⑥夕飯　⑦すい飯き　⑧昼ご飯
P140　①むぎ　つくられて　②こむぎ　つかって　たべました　③むぎちゃ　すいとう　いれて　いきましょう　④きょう　むぎわらぼうし　でかけます
　　　①麦　②小麦こ　③大麦　④麦茶　⑤麦わらぼうし
P141　ふくしゅう
　　　1.①こむぎこ　②ふとって　③せきゆ　④ひるごはん　⑤さら　⑥あじみ　⑦めいさい　⑧ほそい　⑨ごまあぶら　⑩あじわいました
　　　2.①麦茶　②太い　③ちょう味料　④心細い　⑤太へい洋　⑥夕飯　⑦味　⑧とり皿　⑨ラー油　⑩細かい
P142　アチーブメントテスト（配点：1. 2.は各2点、3.は各3点）
　　　1.①けんしゅう　②たんご　③こころ　④かがく　⑤しって　⑥こえ　⑦らく　⑧いみ　⑨すいはんき　⑩こまかく
　　　2.①語る　②ちゅう文　③集中　④若もの　⑤日本酒　⑥味見　⑦石油　⑧話し声　⑨音楽　⑩皿あらい
　　　3.①しんりがく　②語学　③英語　④にほんぶんかろん　⑤ぶんしょう　⑥研究　⑦人数　⑧かず　⑨若い人　⑩楽しそうに　⑪お酒　⑫あつまって　⑬うたったら　⑭こえ　⑮知り合い　⑯しょうゆ　⑰あじ　⑱太い　⑲細い　⑳しりました
P144　クイズ
　　　1.①心理学　②英語　③日本文化ろん　④日本文学　⑤日本語　⑥研究
　　　2.①あつまって　②しりあい　③かしゅ　④こえ　⑤たのしみに　⑥なごやえき　⑦しゅうごう
　　　3.①文　②料　③油　④皿　⑤太（細）　⑥細（太）　⑦味　⑧生　⑨麦茶　⑩会　⑪千七百五十

◆ 7章

● 7章−1
P147　①ことし　はる　とし　②しんしゅん　もうしあげます　③こうこう　みる　せいしゅんじだい　おもいだします　④まいとし　なつ　いきます　⑤きょう　きおん　にじゅうごど　いじょう　なつび
　　　①春休み　②立春　③春分の日　④青春　⑤夏休み　⑥しょ夏
P148　①あき　たべもの　②しゅうぶんのひ　ちち　いきました　③ふゆやすみ　じゅうにがつにじゅうさんにち　はじまります　④きょう　まふゆ　⑤とうきオリンピック　にほん　せんしゅ　きんメダル
　　　①秋　②秋分の日　③立秋　④冬　⑤ま冬　⑥春夏秋冬
P149　①いえ　はんとしまえ　あきや　②あめあがり　そら　あおくて　③わたし　おとうと　しょうがくせい　からて　④ひこうき　とうきょう　じょうくう　⑤よぞら　ほし
　　　①空きカン　②空く　③空ける　④空　⑤空気　⑥空こう　⑦星　⑧火星
P150　①ほし　くも　みえません　②あまぐも　でて　あめ　ふる　③きょねん　しがつ　にほん　きました　④みて　かこ　おもいだしました　⑤たいせつな　しょうきょ

①雲 ②せきらん雲 ③去る ④去年 ⑤か去 ⑥しょう去 ⑦し去

P151　ふくしゅう
1.①はる ②かせい ③あまぐも ④なつやすみ ⑤きょねん ⑥しゅんかしゅうとう ⑦あいたら ⑧くうき ⑨あき ⑩そら
2.①空きカン ②星 ③せきらん雲 ④春分の日 ⑤去って ⑥冬休み ⑦秋 ⑧夏 ⑨雲 ⑩か去

●7章-2
P153　①あさ てんき ごご あめ ふって ②てんきよほう きょう はれる ③うてん ばあい うんどうかい ちゅうし ④こども てんし ⑤きょう くも ひとつ かいせい
①天気 ②雨天 ③天使 ④天国 ⑤晴天 ⑥晴れる ⑦かい晴

P154　①さむい おもって そと みたら ゆき ふって ②しんせつ きもち ③たいふう ちかづいて あめ かぜ ④ふうしゃ つかって でんき つくります ⑤めいじじだい にほん ようふう せいかつ
①雪国 ②雪だるま ③大雪 ④新雪 ⑤風速 ⑥台風 ⑦風車 ⑧洋風・わ風

P155　①ゆうがた かぜ つよまって ②かわかみさん ちから つよい ③にく つよび ④びょうき そふ からだ よわって ⑤きのう おおあめ よわまって
①強める ②強風 ③弱める ④弱い ⑤弱小チーム ⑥強弱

P156　①きょう あつかった ②たなかさん なつ ひしょち いく ③せんせい しょちゅうみまい だしました ④さむい あさ たいへん ⑤まいにち さむい ぼうかん かい いきました
①暑さ ②もう暑日 ③ひ暑 ④暑中見まい ⑤寒さ ⑥寒気 ⑦ぼう寒

P157　ふくしゅう
1.①よわくて ②つよめましょう ③さむい ④たいふう ⑤きょうふう ⑥よわって ⑦しんせつ ⑧はれたら ⑨うてん ⑩もうしょび
2.①強い ②雪だるま ③暑くて ④天気よほう ⑤弱めて ⑥風 ⑦天使 ⑧弱火 ⑨洋風 ⑩ぼう寒

●7章-3
P159　①さいきん じょせい ひとりたび ②りょこう いく ③やま なか りょかん ④おもそう にもつ もちましょう ⑤りょこうちゅう しょじきん
①旅 ②旅行 ③旅館 ④旅ひ ⑤持つ ⑥気持ち ⑦持ち物 ⑧持病

P160　①なんでも よのなか ②きむらさん かちょう ぶちょう しゅっせ ③せかいいっしゅう りょこう ④まいにち おおすぎて げんかい ⑤そぼ きょねん はちじゅうさんさい たかい
①世の中 ②中世 ③世間 ④出世 ⑤21世き ⑥世界 ⑦げん界 ⑧げいのう界

P161　①いちばん ひだり うつって ひと わたし ちち ②ばしょ しゃしん ③さかな しんくうパック はいって ながもち ④しんじつ はなして ⑤わたし ちち さんにんきょうだい まんなか
①写る ②写す ③写生 ④真夏 ⑤真心 ⑥写真 ⑦真空 ⑧真じつ

P162　①ふね ほっかいどう いきました ②ふね のって りょこう せんちょう しゃしん ③きゃくせん
①船 ②客船 ③船長 ④風船

P163　ふくしゅう
1.①しゅっせ ②うつって ③ひとりたび ④ふね ⑤げいのうかい ⑥りょかん ⑦もって ⑧よのなか ⑨まんなか ⑩きゃくせん
2.①写して ②旅行 ③写真 ④世界 ⑤気持ち ⑥真じつ ⑦げん界 ⑧持ち物 ⑨旅ひ ⑩風船

P164　アチーブメントテスト（配点：1.2.は各2点、3.は各3点）
1.①はれたら ②しゃしん ③ゆき ④なつやすみ ⑤りょこう ⑥きょねん ⑦ふね ⑧よわい ⑨あいたら ⑩あつい
2.①雲 ②星 ③寒い ④強風 ⑤大雪 ⑥気持ち ⑦天気 ⑧世界 ⑨台風 ⑩立秋
3.①春 ②持った ③なつ ④あつい ⑤ふね ⑥あき ⑦台風 ⑧かぜ ⑨強く ⑩さった ⑪雲 ⑫晴れて ⑬そら ⑭ふゆ ⑮空気 ⑯寒い ⑰ほし ⑱ゆき ⑲写真 ⑳旅行

P166 クイズ
1. ①夏 ②春 ③冬 ④春 ⑤冬 ⑥夏 ⑦秋 ⑧春
2. ①春 ②船 ③写 ④強 ⑤夏
3. ①青春 ②世界 ③秋分の日

◆ 8章
しょう

●8章−1

P169 ①まいにち ごじかん にほんご べんきょう ②もりかわさん べんきょうか なんでも ③まえださん きんべんな ひと ④ことしじゅう かんじ にせんじ ⑤びょうき かんぽうやく のむ げんきに
①勉強 ②勉強家 ③きん勉 ④漢字 ⑤漢数字 ⑥漢わじてん ⑦漢方薬

P170 ①まいにち しゅくだい にほんご じょうずに ②やど かぞくづれ にんき ③へや ひろい しゅくはく ④いちばん すきな ほん だいめい ⑤いま わだい えいが なん
①宿 ②宿題 ③宿はく ④合宿 ⑤新宿駅 ⑥題名 ⑦話題

P171 ①もんだい せんせい しつもん ②みせ しなもの しつ たかい ③ぶん よんで あと とい ④かいしゃ ほうもん さき でんわ ⑤でんわ といあわせて
①質問 ②質 ③問い ④問う ⑤問題 ⑥問題しゅう ⑦社会問題 ⑧学問

P172 ①にほんじん えいご おしえて ②いしかわせんせい いちねんかん にほんご おそわりました ③だいがくいん きょういくもんだい けんきゅう おもって ④がっこう きょうしつ ひろくて ⑤そと あつい しつない きもち
①教える ②教わる ③教育 ④教室 ⑤教科書 ⑥ぶっ教 ⑦教じゅ ⑧研究室

P173 ふくしゅう
1. ①しつない ②しつもん ③おそわりました ④とい ⑤しゅくだい ⑥かんぽうやく ⑦きん勉な ⑧けんきゅうしつ ⑨しんじゅく ⑩かんすうじ
2. ①題名 ②ほう問 ③質 ④教室 ⑤漢字 ⑥勉強 ⑦問題 ⑧宿 ⑨教科書 ⑩教えました

●8章−2

P175 ①こころみる たいせつ ②じつりょく ためす もぎしけん ③ししょく ぎゅうにく かいました ④せんじつ しあい み いきました ⑤がっこう しょどう たいけん
①試みる ②試す ③試験 ④試食 ⑤試着 ⑥試合 ⑦じっ験 ⑧じゅ験

P176 ①もんだい こたえて ②こたえ かく かきましょう ③かいとうようし ④もんだい かんがえて ⑤かく なに さんこう
①答える ②答え ③かい答 ④考える ⑤考え方 ⑥さん考し料 ⑦思考

P177 ①ただしい こたえ まる かいて ②かんじ せいかくに ③まるくて あかい たべもの ④まるめて ⑤わたし あに ほうがんなげ せんしゅ
①正しい ②正かくな ③正かい ④正午 ⑤正月 ⑥丸い ⑦丸 ⑧丸める

P178 ①えき とおくて ふべん ②べんきょう じかん あした／あす ふあん ③うんどうぶそく からだ ④わたし たなかさん おなじ まち すんで ⑤せんしゅう おがわさん わたし どうじ
①不便 ②不安 ③不合かく ④不思ぎな ⑤同じ ⑥同きゅう生 ⑦合同 ⑧同時

P179 ふくしゅう
1. ①さんこう ②ふしぎな ③かいとうようし ④しょうご ⑤まる ⑥こころみました ⑦おなじ ⑧ただしい ⑨ふべん ⑩ほうがんなげ
2. ①正月 ②不合かく ③答え ④試験 ⑤正かくに ⑥思考 ⑦同きゅう生 ⑧試して ⑨考えて ⑩答えて

●8章−3

P181 ①ともだち ほん かしました ②ふぼ ちんたい すんで ③おかね かしかり ④せんせい ぶんがく ほん かりました ⑤ひと しゃっきん ひゃくまんえん
①貸す ②貸し出し ③ちん貸 ④貸し切り ⑤借金 ⑥借地

P182 ①なまえ うしろ ふりかえりました ②ともだち かえしました ③おおきい こえ へんじ ④いっかげつ ほん さんさつ よみました ⑤たなばた ひ たんざく かきます

①返す ②ふり返る ③返じ ④返品 ⑤一冊 ⑥冊子 ⑦べっ冊

P183　①にほん れきし ②れきだい そうりだいじん なまえ いえます ③がくれき たいせつな だいがくいん ④こうこう せかいし べんきょう ⑤だいがくいん アメリカし けんきゅう おもって
①歴史 ②り歴書 ③学歴 ④日本史 ⑤世界史 ⑥東洋史 ⑦西洋史 ⑧史学

P184　①とちゅう くるま ちず みます ②ず つかって せつめい ③おわったら としょかん
①図 ②地図 ③図書館 ④しょく物図かん ⑤どう物図かん

P185　ふくしゅう
1. ①さっし ②しゃっきん ③ちゅうごくし ④れきだい ⑤ふりかえりました ⑥ちんたい ⑦ちず ⑧へんしん ⑨がくれき ⑩かしかり
2. ①借りました ②何冊 ③借地 ④世界史 ⑤図書館 ⑥り歴書 ⑦貸し出し ⑧歴史 ⑨返して ⑩返品

P186　アチーブメントテスト（配点：1. 2. は各2点、3. は各3点）
1. ①おなじ ②かんがえて ③まるくて ④かんぽうやく ⑤ふべん ⑥おしえる ⑦やど ⑧たいけん ⑨うんどうぶそく ⑩ためして
2. ①勉強家 ②さん考 ③同時 ④教育 ⑤学問 ⑥返品 ⑦話題 ⑧地図 ⑨室内 ⑩正月
3. ①教室 ②勉強 ③かんじ ④ただしく ⑤宿題 ⑥かんがえて ⑦答え ⑧もんだい ⑨質問 ⑩おしえて ⑪試験 ⑫ふあん ⑬図書館 ⑭なんさつ ⑮借りて ⑯歴史 ⑰かして ⑱がくれき ⑲けんきゅうしつ ⑳同じ

P188　クイズ
1. ①しけん ②かいとうようし ③じゅけんばんごう ④ただしい ⑤こたえ ⑥まる ⑦しつもん ⑧もんだい ⑨おなじ ⑩かんじ
2. ①教 ②室 ③漢 ④勉 ⑤同 ⑥歴 ⑦貸
3. ①数→教 ②宿→宿 ③間→問 ④冊→冊 ⑤試→試

◆ 9章
しょう

● 9章-1

P191　①にもつ きょうしつ はこんで ②くるま うんてん ③てんき ひ うんどう きもち ④にちようび こども どうぶつえん いく ⑤しゃしん うごかないで
①運ぶ ②運動 ③運てん手 ④運 ⑤動く ⑥動かす ⑦動物 ⑧動作

P192　①きいて はつおん れんしゅう ②ひ ひなんくんれん ③ひとり はじめる まえ はは りょうり ならいました ④きょう べんきょう ふくしゅう ⑤にほん しゅうかん
①練習 ②くん練 ③練る ④習う ⑤学習 ⑥習字 ⑦よ習 ⑧習かん

P193　①しんかんせん じそく なんキロ はしります ②きょうそう ③ちち まんぽけい ④ほどうしゃ ほどう あるきましょう ⑤ちち まいあさ こうえん さんぽ
①走る ②きょう走 ③走しゃ ④歩く ⑤歩行しゃ天国 ⑥歩道 ⑦万歩計 ⑧さん歩

P194　①およぎ いきません ②およぐ にがて ③がっこう すいえいたいかい ④さいのう ひと こども なにか ⑤てんさい いわれて
①泳ぐ ②泳ぎ ③水泳 ④ひら泳ぎ ⑤才のう ⑥天才 ⑦才女

P195　ふくしゅう
1. ①しゅうかん ②およいで ③動きます ④まんぽけい ⑤すいえいきょうしつ ⑥きょうそう ⑦うごかす ⑧ほどう ⑨ならって ⑩はこぶ
2. ①運動 ②走らないで ③歩く ④才のう ⑤動物園 ⑥練習 ⑦泳ぎ ⑧さん歩 ⑨運てん手 ⑩ひなんくん練

● 9章-2

P197　①かんじ じぶん ②とし しぜん おおい ③じたく ④だいがく しけん ぜんぜん じしん ⑤じもと かいしゃ つくった てんねんすいサイダー にんき
①自分 ②自宅 ③自しん ④自動車 ⑤自習 ⑥自力 ⑦天然きねん物 ⑧当然

P198　①ぼくじょう うし くさ たべて ②くさばな つくりました ③のって そうげん はしる すき ④まいとし なつ こうげん ⑤にほんしゅ げんりょう こめ

①草 ②草花 ③草原 ④原作 ⑤原いん ⑥原料 ⑦高原

P199　①にほん いちばん おおきい みずうみ びわこ ②ふじさん ちかく やまなかこ みずうみ ③こじょう しょくじ ④たに みながら やまみち ⑤みる けいこく けしき
①湖 ②湖水 ③山中湖 ④谷 ⑤谷間 ⑥谷川 ⑦けい谷

P200　①うみ やま すき ②まいとし なつやすみ かいがいりょこう ③いって うみべ ふたり あるきました ④あたり ふるい いえ おおい ⑤へん ひとやすみ
①海 ②海草 ③日本海 ④海辺 ⑤川辺 ⑥辺り ⑦辺 ⑧近辺

P201　ふくしゅう
1.①かいがい ②あたり ③てんねんきねんぶつ ④そうげん ⑤じぶん ⑥ぜんぜん ⑦こじょう ⑧かいそう ⑨へん ⑩けいこく
2.①草 ②自然 ③高原 ④谷川 ⑤近辺 ⑥自宅 ⑦原料 ⑧海辺 ⑨天然水 ⑩湖

●9章−3
P203　①しょうがつ ふるさと かえって ②さいきん おおきな ひとざと ちかく おりて ③いちり ④こども のはら ⑤とうきょうドーム やきゅう み いきました
①里 ②ふる里 ③人里 ④里帰り ⑤一里 ⑥野山 ⑦野きゅう ⑧野さい

P204　①みどりいろ やま ②ごがつ みどり ③たべ りょくちゃ のみます ④いけ きんぎょ ⑤でんち
①緑 ②緑色 ③緑茶 ④新緑 ⑤池 ⑥電池 ⑦小池さん ⑧ちょ水池

P205　①こうえん とり みつけました ②まいとし みずうみ はくちょう きます ③がっこう ことり ④はね ひろげた ⑤はねだくうこう としん ちかくて べんり
①鳥 ②小鳥 ③白鳥 ④羽 ⑤羽田空こう

P206　①ほっかいどう うし うま ②へや おんなのひと ひめい きこえました ③まいあさ なく こえ きこえます ④じゅぎょうちゅう けいたいでんわ なって せんせい ⑤おおみそか ちかく てら いって ならしました
①馬 ②竹馬 ③馬車 ④乗馬 ⑤ひ鳴 ⑥鳴く ⑦鳴る ⑧鳴らす

P207　ふくしゅう
1.①ひめい ②いけ ③りょくちゃ ④はね ⑤さとがえり ⑥のはら ⑦じょうばきょうしつ ⑧みどり ⑨はくちょう ⑩やさい
2.①鳴って ②馬 ③電池 ④ふる里 ⑤新緑 ⑥池 ⑦野山 ⑧鳥 ⑨野きゅう ⑩羽田空こう

P208　アチーブメントテスト（配点：1．2．は各2点、3．は各3点）
1.①ならい ②たけうま ③ほこうしゃ ④じぶん ⑤かいそう ⑥げんりょう ⑦いけ ⑧はしりました ⑨てんねん ⑩ならします
2.①湖 ②乗馬 ③高原 ④水泳 ⑤海辺 ⑥野きゅう ⑦習かん ⑧当然 ⑨天才 ⑩練習
3.①やまなかこ ②自宅 ③辺り ④けいこく ⑤谷 ⑥歩いて ⑦こうげん ⑧自然 ⑨湖 ⑩ほどう ⑪さんぽ ⑫草花 ⑬鳥 ⑭なきごえ ⑮ふるさと ⑯はしった ⑰運動 ⑱水泳 ⑲こじょう ⑳馬

P210　クイズ
1.①里 ②草原 ③走 ④泳 ⑤馬 ⑥歩 ⑦鳥 ⑧鳴 ⑨湖
2.①練習 ②動 ③野 ④海
3.①うんどう ②しぜん ③いけ ④ほどう ⑤じてんしゃ ⑥はしる

P212　まとめテスト　5〜9章（配点：1．2．は各2点、3．は各3点）
1.①たいけん ②りょかん ③たいふう ④さむけ ⑤まちあわせ ⑥きょうかしょ ⑦かんぽうやく ⑧ちゅうし ⑨しちゃく ⑩こうつう
2.①運動 ②歴史 ③英語 ④質問 ⑤宿題 ⑥試験 ⑦病院 ⑧心細い ⑨研究 ⑩自然
3.①きょねん ②春 ③ごうかく ④医学部 ⑤数学 ⑥かがく ⑦教室 ⑧べんきょう ⑨問題 ⑩お酒 ⑪つよく ⑫おおごえ ⑬歌う ⑭たのしい ⑮同じ ⑯じてんしゃ ⑰たび ⑱計画 ⑲しりあい ⑳写真

한자마스타(漢字マスター) JLPT N4　개정판
Kanji for advanced level

초 판 발 행	2023년 8월 01일
초 판 1 쇄	2023년 8월 01일
저 자	アークアカデミー 遠藤 由美子　齊藤 千鶴　樋口 絹子　細田 敬子　山下 泰輔 増田 麻美子　下重 ひとみ
펴 낸 이	박재천
펴 낸 곳	모닝에듀㈜
등 록 일 자	2009년 10월 28일
등 록 번 호	제2009-000290호
주 소	서울시 강남구 남부순환로 363길 13 백광빌딩 3층
전 화 번 호	02-6253-2004　팩 스 02-6253-2006
홈 페 이 지	www.morningedu.com
네이버블로그	https://blog.naver.com/morningedu2004

일본 ㈜삼수사(三修社)와 독점 라이선스 출판

* 이 교재의 내용을 저자 및 출판사의 사전 허가 없이 전재하거나 복제할 경우
　법적인 제재를 받게 됨을 알려드립니다.

* 잘못된 책은 구입하신 서점이나 본사로 연락 주시면 교환해 드립니다.

ISBN 978-89-98323-14-1
ISBN 978-89-98323-10-3 (세트)
값 18,000원

KANJI MASTER N4 REVISED EDITION

Copyright © 2021 by ARC ACADEMY All rights reserved.
No part of this book may be used or reproduced in any manner whatsoever without written permission except in the case of brief quotations embodied in critical articles and reviews.
Originally published in Japan by SANSHUSHA Publishing Co., Ltd.

Korean translation copyright ©2023 by MORNINGEDU CORP.
Korean edition is published by arrangement with SANSHUSHA Publishing Co., Ltd. through BC Agency